Paula Almqvist

Was mir blüht

Schöffling & Co.

Zweite Auflage 2017

Einbandfoto: Galanthus ›Dionysus‹
Foto: Marion Nickig
Satz: Fotosatz Amann, Memmingen
Druck & Bindung: CPI Moravia
ISBN 978-3-89561-596-2

www.schoeffling.de

Was mir blüht

Inhalt

JANUAR

Christrose

Die Schönste bist du, / Kind des Mondes / nicht der Sonne ...«
dichtete Eduard Mörike im Winter 1841. Da hatte er vier Wochen zuvor seine erste Christrose gesehen. Auf einem schwäbischen Friedhof; der Bie-

dermeier-Dichter war ja im Brotberuf zunächst Pfarrer.

Auch mir sind Christrosen im Lauf meiner Gartenjahre mehr ans Herz gewachsen als die meisten anderen Stauden. Das hat viele Gründe. Zunächst einmal sind sie die ersten im winterschlafenden Garten, die man nicht mit der Lupe suchen muss. Zweitens genießen weiße Blumen bei mir von jeher einen Heimvorteil, auch wenn das nicht sehr originell ist, weil derzeit Mode. Aber je dunkler die Tage, je früher der Abend einbricht, desto tröstlicher ist das weiße Leuchten der Schneerosen im Garten. Weswegen ich ihre aparten dunkelroten und fast violetten Verwandten, die Lenzrosen oder orientalischen Christrosen, alle wieder verschenkt habe: Man sieht sie kaum bei trübem Licht im Wintermatsch. Drittens stehen Christrosen Wochen und manchmal sogar Monate lang in Blüte. Was sie im Vorfrühling fast konkurrenzlos macht, wenn ich mal absehe von der ebenso dankbaren *Euphorbia characias*, der stattlichen, grüngelb prunkenden Palisaden-Wolfsmilch. Zusammen bilden die beiden bei mir eine ausgesprochen gut aussehende Pflanzgesellschaft. Viertens weiß ich keine andere Blume, die so bildschön verblüht. Was man als Frau leider nicht von sich selber sagen kann und als Gärtnerin weder von Tulpen oder Dahlien, die nach der Zierde eher eine Zumutung werden. Christrosen dagegen haben nicht nur dekoratives Laub, sondern ihre Blüten durchlaufen beim Reifen ein delikates Farbspiel von Reinweiß über Rosig zu Blaßgrün. In der grünen Phase, wenn die goldgelben Staubgefäße den prallen Samenkapseln Platz gemacht haben, sind sie für manchen Laien schon gar nicht mehr als Christrosen zu erkennen. Dafür sind sie in diesem Zustand neuerdings ein Liebling der Trend-Floristen.

Dass Mörike die Christrose so spät kennenlernte, ist verwunderlich, denn sie hielt schon im 16. Jahrhundert Einzug in deutsche Gärten. In den Kalkstein-Alpen Österreichs und bei Berchtesgaden wächst *Helleborus niger* sogar wild. Der botanische Name kommt aus dem Griechischen und bedeutet nichts Gutes: helein = töten und bora = Speise, denn Christrosen sind enorm giftig. Es soll *Helleborus*-Pulver gewesen sein, das sich Shakespeares Romeo für seinen verzweifelten Liebestod beim Apotheker besorgte. Gewonnen aus den rabenschwarzen Wurzeln, denen die Pflanze mit den schneeweißen Blüten den Zusatz »niger« verdankt. Auf deutsch hieß sie früher

Schwarze Nieswurz, denn lange wurde daraus Niespulver und Schnupftabak hergestellt. Und getreu der Faustregel »drei Tropfen machen rot, zehn Tropfen machen tot«, wurde sie gern in Hexensalben gerührt und in der Volksmedizin gegen allerlei Gebrechen benutzt.

Für mitunter faule Gartenfrauen wie mich sind die Schneerosen eine Ideal-Staude: Sie mögen jahrelang am gleichen Platz stehen ohne geteilt zu werden, und man wäre schön blöd, die Christrosen an der Samenbildung zu hindern, wie man das bei vielen anderen Blumen tun muss. Wo es ihnen gefällt (auf Kalkschotter mit Humusschicht), versäen sie sich nämlich mit Begeisterung. Freundlicherweise nicht irgendwo im Gemüsebeet oder wo sonst sie vom Spaten unerkannt untergebuttert würden. Die Samen keimen erst im nächsten Winter und man muss den folgenden Frühling abwarten, bis man rund um die Mutterpflanze eine dichte Krinoline winziger grüner Baby-Christrosen entdeckt. Die dann noch drei Jahre nur ein hübscher immergrüner Bodendecker sind bevor sie ihr Blütendebut geben.

Wer Christrosen so gern mag wie ich, will sie sich auch ins Haus holen. Im Blumentopf jetzt überall zu haben – und auf überdachten Balkonen, in Treppenhäusern und kühlen Räumen blühen sie früher, üppiger und unversehrter als im peitschenden Schneeregen. Im April dann tschüss und ab in den Garten. Christrosen taugen auch für liebe, langlebige Sträußchen. Sie mögen's, anders als andere Schnittblumen, dass ihnen das Wasser bis zum Halse steht. Und im Warmen strafen sie die großartige Schriftstellerin und Pflanzenkennerin Colette Lügen. Die schrieb eine Eloge auf die Christrose, bedauerte jedoch: »Jeder Kieselstein verströmt mehr Duft als sie …« Da muss sie Stockschnupfen gehabt haben, versichere ich Ihnen.

Besser machen!

An guten Silvester-Vorsätzen hat es mir noch nie gemangelt – ich habe jede Woche welche: Statt schwedischer Krimis regelmäßig den Wirtschaftsteil der Zeitung lesen. Statt Tatort zu gucken öfter mal in die Oper gehen. Manuskripte einen Tag vor Ultimo abgeben. Regelmäßig auch hinter der Heizung sauber machen. Bin immer wieder verblüfft über meine Kreativität in puncto Verbesserungsvorschlägen an mich selbst. Über die Umsetzung schweige ich mich lieber aus; der gute Wille ist da, allein es fehlt die Tat. Ein Silvester-Vorsatz ist zum Plan gereifte Selbstkritik und mitunter ein Dauerbrenner seit Jahrzehnten. Denn, wie das mit der Planwirtschaft so ist, sie zeitigt nur selten die erwarteten Ergebnisse. Das mag an übersteigerten Erwartungen liegen und vor allem an viel zu vielen guten Plänen.

Deswegen habe ich dieses Jahr einen ganz neuen Plan entwickelt: Ich werde mich mit meinen Silvester-Vorsätzen auf ein einziges Feld beschränken. Nämlich auf den Garten. Der bekanntlich ein weites Feld ist, in dem die behandlungsbedürftigen Untugenden der Gärtnerinnen wie Unkraut sprießen. Begraben wir also für ein Jahr den noblen Plan, fließend Chinesisch zu lernen oder uns in die Bikini-Größe xs zu hungern und konzentrieren wir uns statt auf Selbstveredlung auf die Verbesserung unseres Gartens. Die ist eigentlich ganz einfach. Dazu braucht's meist keine Fortbildung, keine Diät und kein Nikotinpflaster. Sondern nur ein Duell mit dem inneren Schweinehund. Denn der Hauptfeind mickernder Rosen und schütterer Stauden heißt nicht Mehltau, Spätfrost oder Blattlaus, sondern Schlendrian.

Wie wär's zum Beispiel, wenn wir Blumenzwiebeln und Stauden künftig sofort (in Worten:

unverzüglich) nach dem Kauf pflanzen und nicht erst auf besseres Wetter warten? Und dann, bis der Schlafbesuch weg ist. Und dann, bis der Handwerker da war. Und dann, auf bessere Laune. Und dann, im Eck vergessen, bis sie halbvertrocknet oder verschimmelt sind …

Ambitionierte Gartenfrauen sollten auch aufhören, sich für schlauer zu halten als der Hersteller und nach dem Motto »Viel hilft viel« Düngemittel in doppelter Dosis auszubringen. Oder zu einem Zeitpunkt, der einem gerade passt, der aber leider nichts mit dem Vegetationsrhythmus zu tun hat.

Überhaupt wär's nicht verkehrt, sich künftig etwas mehr in Demut vor den Pflanzenlieferanten statt in Besserwisserei zu üben: Wenn für Christrosen kalkhaltiger Boden gewünscht wird, kann man sie zwar ins Torfbeet vor den Rhododendron pflanzen, weil sie da grad gut aussähen – sich aber in Kürze auf Nimmerwiedersehen verabschieden. Wenn der Pflanzabstand für Pracht-Rittersporne mit einem Meter angegeben wird, müsste es eigentlich dem Dümmsten klar sein, dass zehn pro Quadratmeter für den Züchter lohnender wären als für die Hobbygärtnerin mit der Ungeduld des Herzens, die sich damit nur Zausel heranzieht.

Zur Schadensbegrenzung des Gartens und der Gärtnerin gehört es auch, sich an den Dresscode zu halten. Ehrenwort: nie mehr mit Ringen gärtnern, damit man nicht wie meine Freundin Karin im letzten Sommer mit geschwollenem Finger zum Notarzt muss. Der ihr vorsichtig das Juwel zwischen geschwollenem Fingerglied und dicker Hornhaut aufsägte. Nie mehr in einem Anfall von Aktionismus und Gartenlust bei der Rückkehr vom Freibad mit Sandaletten das Beet umgraben und mit versauten Schuhen und einem angeknacksten Knöchel bezahlen.

Außerdem müssen vor allem weibliche Gärtner sich abgewöhnen, untaugliche Mittel zum tauglichen Zweck zu verwenden. Also, nicht mit dem Brotmesser oder der Papierschere, die man grad zur Hand hat, in den Garten stürzen und damit einen Rosenzweig absäbeln. Und damit sich und die Pflanze verletzen. (Männer machen so was seltener, sie haben ganz andere Schrullen.) Also, nicht mit der Schaufel, die zufällig herumsteht, die Dahlien ausgraben (und beschädigen), anstatt Spaten oder Grabgabel zu holen. Auch nicht mit dem Pflanzschäufelchen ein hastiges Loch für einen Wurzelballen scharren und sich dann wundern, dass der junge Apfelbaum so rachitisch aussieht.

Nebenbei könnten wir, falls vorhanden, unsere Männer etwas glücklicher machen, indem die Schaufel nicht mehr im Regen herumsteht (worauf der verrottete Stiel bricht), und der Spaten unauffindbar ist und unsere Geburtstagswünsche monoton »Gartenschere« oder »Zwiebelpflanzer« lauten, da die gleichen Geschenke vom Vorjahr irgendwo unter der Laubdecke modern oder in einer Pfütze verrostet sind.

Das wird in diesem Jahr alles ganz anders; ich schwör's.

Vasen zwischen Kunst und Elend

Wenn der Garten im Haus stattfinden muss, kann die typische Gartenfrau ihre Gewohnheiten nicht einfach wegen ein paar Minusgraden oder einer dicken Matschdecke ablegen. So, wie jeden Morgen, geht sie herum und zupft, wässert, schnippelt, prüft, dünnt aus, plant neue Blühgemeinschaften. Nur versorgt sie eben nicht ihre Beete, sondern ihre Vasen.

Der legendäre Potsdamer Gärtner, Züchter und Autor Karl Foerster (1874–1970) postulierte einst, dass ein gepflegter Haushalt wenigstens sechzig

Vasen besitzen müsse. Das kommt einem heutzutage fast so bombastisch vor wie ein Banker-Bonus.

Denn wenn sich im Januar die Gärten noch weitgehend tot stellen – abgesehen von den schwellenden Knospen, die unser Kennerblick zufrieden ausmacht –, kompensieren wir unser Blumengelüst ungeniert beim Discounter, auf dem Wochenmarkt und wo sonst noch die holländischen Marktführer spottbillig diese Mega-Packs von Narzissen, Tulpen, Anemonen abladen. Und dann muss bei mir von der Suppenterrine bis zum Sektkübel alles herhalten.

Dass Blumen Vasen brauchen, steht schließlich nirgendwo geschrieben. Dass Vasen Blumen brauchen erst recht nicht. Denn in der Geschichte der Gärten überwiegen die Zeiten, wo Vasen Selbstzweck waren und Blumen lieber zu Kränzen und Girlanden geflochten wurden. In der Antike liebte man zwar Amphoren, doch sie sollten allein durch ihre Form schmücken oder das kostbare Olivenöl aufbewahren. Und die hauchzarten marmorierten Glasväschen, die man bei Ausgrabungen römischer Siedlungen fand und findet, waren nicht etwa für Veilchen und Vergissmeinnicht gedacht, sondern für Tränen. Die trauernden

Hinterbliebenen weinten ein wenig hinein und legten ihre flüssigen Emotionen dem lb. Verstorbenen mit ins Grab.

Auch in den von jeher sündteuren chinesischen Vasen – Barockfürsten ließen sie sich gern von Missionaren aus dem Reich der Mitte schicken – blühte ursprünglich nie ein Strauß. Sie schmückten ja schon durch ihr üppiges Dekor. Die heißbegehrten Prunkstücke waren außerdem viel zu kostbar, als dass man sie den Domestiken in der Spülküche anvertraut hätte.

Englische und französische Kaminvasen, passend zur Stutzuhr, verraten ein Jahrhundert später schon durch ihre Materialien – viel Marmor und Bronze –, dass sie nicht zum täglichen Wasserwechsel für Schnittblumen gedacht waren, sondern eher zum Motto einer modernen After-Work-Party: gut aussehen, dumm rumstehen.

Durch die Glaskünstler des Jugendstils, Gallé, Lalique, Daum, Loetz und Tiffany, wie die berühmtesten heißen, erfuhr die Blumenvase ihre größte Aufwertung. Doch waren die Meisterwerke häufig so perfekt floral dekoriert, dass sie der Natur ernsthaft Konkurrenz machten und leer am besten zur Wirkung kamen. Außerdem erzielten sie schon zu Lebzeiten der Künstler Luxuspreise, so dass sie von jeher eher eine Vitrinen-Existenz führten.

Im sogenannten Dritten Reich war eine derartige Verfeinerung – noch dazu ausländisches Zeug! – nicht angesagt. Feldblumensträuße, gepflückt von blondzopfigen BDM-Mädels und in deutsch-getöpferte Krüge gesetzt, eroberten den Zeitgeschmack. Erst die fünfziger Jahre bescherten der Blumenvasen-Kultur hierzulande wieder einen Aufschwung. Wer zu Eierlikör und Schnittchen mit Tomatenpilz eingeladen war, brachte Blumen mit, viel Spargelgrün war dabei und rote Nelken. Der Gastgeber verstaute das Angebinde in seiner neuesten Vase, die so bunt und schiefhalsig war, als sei sie einem Kalenderbild von Picasso entsprungen. Und so war es ja auch: Die lange vom Kulturleben abgeschnittenen Deutschen entdeckten mit Macht die klassische Moderne oder was sie dafür hielten. Und gönnten sich so wundersame Dinge wie die Autoblumenvase, die mit Messingspirale und Saugpfropfen am Armaturenbrett befestigt wurde. Ähnlich apart diese Wandvasen, die an Eistüten erinnerten und ziemlich bald verlegen entsorgt wurden, was den Restbeständen gute ebay-Preise garantiert. Übrigens: Philippe Starck und andere reloaden diese Teile heute ungeniert.

In den sechziger Jahren gings dann los mit der Nostalgie-Welle: Alte Kohlebügeleisen wurden mit Blümchen gefüllt, aus den Schubladen hölzerner Kaffeemühlen quoll getrocknetes Schleierkraut. Und nicht zu vergessen die Chianti-Flaschen aus Rimini im Baströckchen mit einer mickernden Baccara-Rose drin. Es muss irgendwann in den siebziger Jahren gewesen sein, dass jemand Mosy erfand und die Ikebana-Kurse an den Volkshochschulen. Und bald konnte man keine Wohnzeitschrift mehr aufschlagen, ohne dass einem darin ein Aquariumbecken, gefüllt mit Murmeln und Tulpen, begegnete.

Sache ist: Wir haben vasenmäßig bestimmt so viel mitgemacht wie in der Mode.

FEBRUAR

Schneeglöckchen

Keine Angst, es ist nichts Unanständiges. Auch wenn die grassierende Galanthophilie in gartenfernen Ohren nach einer neuartigen Internet-Sex-Sauerei klingen mag. Gemeint ist nicht die Suche nach galanten Abenteuern, sondern die mächtig anschwellende Liebe zur neuesten Trendblume. Das gute alte Schneeglöckchen heißt botanisch *Galanthus*, was aus dem Griechischen stammt und so viel wie Milchblume bedeutet.

Das Mutterland der Galanthophilen ist England, wo die Schneeglöckchen-Fans schon seit dem 19. Jahrhundert züchten, sammeln und kreuzen, was das Zeug hält: Die zwanzig in der Natur vorkommenden Arten hat man inzwischen zu achthundert Sorten verfeinert. Und im Februar finden in englischen Gärten Dutzende von »snowdrop-events« statt, bepilgert von Schneeglöckchen-Liebhabern aus halb Europa, die für eine rare Zwiebel, nicht größer als ein Kleinfingernagel, ohne mit der Wimper zu zucken 100 Euro hinblättern. Man kann aber im Februar auch über die Insel fahren und kostenlos im Schneeglöckchenrausch schwelgen. Alte Friedhöfe sind dann vielerorts eine weiße Wolke, weil die zarten, grünbesaiteten Glöckchen (sie sind übrigens giftig!) in England lange als Totenblume kultiviert wurden. Wenn sie nicht, wie die Gärtnerfolklore erzählt, als Illumination dunkler Winternächte längs des Weges zum Außenklo gepflanzt wurden …

In Deutschland gilt das einheimische Schneeglöckchen (dem man nicht ansieht, dass es mit der strotzigen, exotischen Amaryllis verwandt ist) als erster Sendbote des Frühlings. So rührend und so robust, hat es die Wissenschaft gleichermaßen fasziniert wie die romantische Dichtung. Friedrich Rückert: »Der Schnee, der gestern noch in Flöckchen / Vom Himmel fiel / Hängt nun geronnen heut als Glöckchen / Am zarten Stiel ... Im Haine läutet's / Den Frühling ein.« Im phänologischen Kalender, der Jahreszeitenuhr der Natur, gilt *Galanthus nivalis* als unbestechliche Zeigerpflanze für den Beginn des Vorfrühlings.

Hugo von Hofmannsthal fragt in seinem Schneeglöckchen-Gedicht: »Wer lockte dich hervor ans Licht? / Trau doch dem Sonnenscheine nicht!«, und lässt die kleine Blume antworten:

»Ich warte nicht, bis alles grün; / Wenn meine Zeit ist, muss ich blühn.«

Ja, aber warum?

Erst die moderne Botanik konnte das Wunder erklären. Die Schneeglöckchen-Zwiebel produziert nämlich mutterseelenallein Biowärme von 8 bis 10°, genug, um eine leichte Schneedecke schmelzen zu lassen und die Erde mit dem Schmelzwasser punktuell zu befeuchten, so dass die Keimblätter die harte Krume durchstoßen können. Schon Goethe hat das beobachtet: »Das

Beet schon lockert / Sich's in die Höh' / Da wanken Glöckchen / so weiß wie Schnee«.

Auch Richard Dehmel besang das Schneeglöckchen: »Duftlos neigen sich / die weißen reinen / scheuen Köpfchen / zur Erde wieder / entsagend nieder / und weinen / selber ins Grab sich.« Hier irrt der Dichter. Schneeglöckchen verströmen liebliches Parfum, besonders bei Wärme. Wer eine vielköpfige Schneeglöckche-Kolonie im Garten hat, darf gern ein paar Büschel ausgraben, in einen Blumentopf setzen, um sie im Zimmer besser genießen zu können. Nach der Blüte dann wieder zurück in den Garten: es schadet ihnen kein bisschen. Denn überhaupt wollen Schneeglöckchen am liebsten »in the green«, also im vollen Laub-Ornat, geteilt und gepflanzt werden; die übliche Herbstpflanzung der trockenen Zwiebelchen ist botanisch zweite Wahl.

Dass sich die Schneeglöckchen ins Grab weinen – oder wie es sich bei Eichendorff liest: »Ach, sie konnten's nicht erwarten, / Aber weiß vom letzten Schnee / War noch immer Feld und Garten, / Und sie sanken um vor Weh …« –, ist ebenfalls dichterische Freiheit. In Wahrheit ist das Hinsinken eine List zum Kinderkriegen:

Sind die Schneeglöckchen verblüht, bilden sich

grüne Fruchtkapseln – erstaunlich groß für so ein zartes Wesen. Das ist ein weiterer Beweis für den hohen Pflanzen-IQ des Schneeglöckchens: Die Samenstände biegen den Stengel durch ihr Gewicht zur Erde, damit sich die Ameisen bequem darüber hermachen können. Um die Fortpflanzungshelfer anzulocken, tragen die Samenkörnchen einen fleischigen Leckerbissen, Elaiosom genannt. Die Ameisen schleppen diese Beute in ihren Bau, zumindest ist das die fromme Absicht der sozialen Tiere. Wie die Natur zeigt, wachsen Schneeglöckchen-Kolonien jedoch nicht überwiegend auf Ameisenhaufen. Vielmehr ist die Versuchung für die Abschlepper oft größer als die Nächstenliebe und sie verspeisen das Elaiosom schon unterwegs; der Samen selbst interessiert sie nicht, er wird achtlos liegen gelassen. Jahre später geschieht, was im Schumann-Lied op. 96 besungen ist: »Und plötzlich stand / Schneeglöckchen da, / Das fremde blasse Kind …«

Wilde Schneeglöckchen stehen übrigens unter strengstem Naturschutz; verkauft werden nur Brutzwiebeln aus Gärtnereien.

Und beim galanthophilen Ehepaar Waldorf in Nettetal am Niederrhein finden Ende Februar seit einigen Jahren die bei Kennern schon berühmten Schneeglöckchentage nach englischem Vorbild statt, wo man in einem Privatgarten 400 Sorten bestaunen, kaufen oder tauschen kann.

Alles öko – oder?

Gartenfrauen sind ja so prima öko, jedenfalls die meisten von uns, dass wir das Gesicht verziehen, wenn uns jemand im Januar Erdbeeren aus marokkanischen Treibhäusern oder Spargel aus Peru andienen will. Wir rümpfen die Nase, wenn gedankenlose CO_2-Schleuderer uns Flugmangos zum Dessert servieren, wir hingegen tischen tapfer ein Crumble aus schrumpeligen Äpfeln auf! Wir kochen im Winterhalbjahr unsere Spaghetti-Sauce selbstredend mit Tomaten aus der Dose, das ist nämlich nachhaltiger und schmeckt auch besser als dies Jetlag-Gemüse. Und ehrlich gesagt ist es auch viel bequemer.

Tapfer und trendy ernähren wir uns und unsere Lieben im Januar, Februar, März von Karotten, Steckrüben, Kürbis und Grünkohl, von Blaukraut und Sellerie und so weiter und so fort. Wie aber ernährt man seine Seele in der düstersten deutschen Jahreszeit? Ja, im Garten blüht vielleicht mutig eine einsame verrupfte Christrose über zerzaustem Blattquirl und einige Frühchen unter den Schneeglöckchen testen schon jetzt mal ihre mickrigen Überlebenschancen. Leider kein Vergleich zur Pracht im Gartenladen. Da quillt es jetzt schon über vor den Blüte gewordenen Anti-Depressiva: Muscari und Scilla in bemoosten Weidenkörbchen. Duftnarzissen und Krokus in Tonschalen. Frühtulpen in niedlichen Kies-Kistchen. Betörende Kamelien aller Größen und Couleur. Das edle Graugrün von Olivensträuchern mit vielversprechenden Fruchtansätzen. Ach, und die Zitrus-Bäumchen, die jetzt in duftender Blüte und dekorativer Frucht zugleich stehen! Wie öko, wie treu dem Zyklus der Natur sind wir da noch? Starke Charaktere gehen nach dieser Attacke auf alle Sinne nach Hause und netzen stoisch ihre unverwüstliche Yucca oder den Pfennigbaum und andere Ikonen der Genügsamkeit.

Leichter verführbare Gemüter kaufen. Wild drauflos. So viel die Arme tragen. Strotzige Amaryllis. Geruchsbomben wie vorgetriebene Hyazinthen im Dutzendpack. Den gelben Fluff und das liebliche Parfum eines Mimosenstrauches. Es ist die Zeit der großen Verführung: Aufatmend hat man sich des nadelnden Christbaums und seines Glitters entledigt, und in der grundgesaugten Wohnung gähnt die Leere. Auf dem Balkon starren einen Blumenkästen mit Friedhofsabdeckung an. Im Garten herrscht Theodor-Storm-Stimmung: Der Nebel drückt die Dächer schwer – und durch die Stille rauscht noch nicht mal das Meer, sondern nur der Autolärm eintönig um die graue Stadt. In den Boutiquen weiß man Bescheid über die nachfestliche Depression und legt bei minus fünf Grad schon mal die ersten Sommersachen ins Schaufenster. Doch während die meisten Frauen wenig Lust verspüren, ihre Fellstiefel und Thermo-Strumpfhosen auszuziehen, um mit bleicher Haut und einem Hauch von Weihnachtsspeck um die Hüften einen Bikini anzuprobieren, ist der Frühling im Blumenladen problemlos zu haben. Oder fast. Denn das Gewissen zwickt die Gartenfrau schon ein bisschen beim Abschleppen der bildschönen Kamelie, Mimose oder Orange im Festornat. Weil wir schließlich botanisch genug belesen sind, um zu wissen, dass unsere zentralbeheizte Wohnung Folter ist für diese Schönheiten und wir ihr frühes Ableben billigend mit der Ausrede in Kauf nehmen: Wenn Kamelie im Koma, kann ich ja immer noch versuchen, sie an einer geschützten Stelle auszupflanzen.

Bei unseren entfernten Verwandten, den Zimmer- und Balkongärtnern, verhält sich das geringfügig anders: Sie wissen einfach oft nicht, was sie tun, wenn sie sich eine Olive auf die Fensterbank stellen und auf fette Früchte hoffen, jedoch bald nur trockene Blätter ernten. Oder fragen: Wie muss ich denn jetzt meine Osterglocken / Blausternchen / Traubenhyazinthen behandeln, damit sie nächstes Jahr wiederkommen? Sie werden nicht wieder blühen, die antizyklisch angetriebenen Frühlingsboten in ihrem Plastikpferch mit Substrat. Sie sind gezüchtet als Wegwerfartikel. Das hört nicht jeder gern.

Einen schlappen Strauß Schnittblumen auf den Kompost schmeißen fällt leicht. Einen Haufen Blumenzwiebeln wegzuwerfen kommt sensiblen Leuten dagegen fast so vor wie Kindstötung. »Gib her«, sag ich dann. Ich habe in meinem Garten eine Ecke, die ich die anonyme Bestattung nenne. Da hinein kommen all die Blumenzwiebeln mit dem schlaffen gelben Schopf, die mir meine Freundinnen in schicken Boutiquen-Tragetüten anschleppen, in der Hoffnung auf ein neues Blühwunder. Es sind im Lauf der Jahre so viele Totgesagte auferstanden, dass ich Platzprobleme kriege.

Deswegen rate ich dieses Jahr zur grünen Anarchie mit dem Schäufelchen an der nächsten Baumscheibe … liegt voll im Trend; wie das geht steht auf Seite 93 (Guerilla-Gärtner).

MÄRZ

Veilchen

Schlicht nur bist du stets gewesen, / unbedeutend oft und klein / dennoch nimmt dein liebes Wesen / jeden, jeden für dich ein.«

Rilkes Liebeserklärung gilt dem Duftveilchen. *Viola odorata* gehört zu den ganz Kleinen in einer große Familie, zu der auch die Stiefmütterchen zählen. Es hat sich seit Jahrtausenden nicht verändert und bis heute mehr Gemütswert als alle hochgezüchteten Verwandten. Es geistert durch griechische Sagen als Götterpflanze (die veilchenhaarige Aphrodite …) und beflügelte Minnesänger. Es blinzelt blau auf Kaffeetassen, Bettwäsche und im Poesiealbum (»Sei wie das Veilchen im Moose / Sittsam, bescheiden und rein …«) und Dürers »Veilchenstrauß« ist eins der meistgedruckten Bilder der Welt. (Auch wenn es nach jüngsten Erkenntnissen gar nicht von ihm stammt.) Alle großen deutschen Dichter von Chamisso über Heine, Lenau, Mörike bis zu Storm und Uhland haben ihm ein Denkmal gesetzt. Mozart erhob das Goethe-Gedicht »Ein Veilchen auf der Wiese stand …« zum Kunstlied.

Goethe selber trug immer Veilchensamen in der Tasche, die er rund um Weimar zwecks Verschönerung der Welt verstreute. Als leidenschaftlicher Hobby-Botaniker wusste Goethe wohl schon von einer Besonderheit des Duftveilchens, die viele Gartenbesitzer bis heute übersehen: Die entzückende Frühlingsblüte im März ist steril – ihr süßer Duft der pure Luxus; für Nachkommenschaft sorgt die Pflanze zunächst durch Wurzelausläufer. Aber im August treibt *viola odorata* erneut Blüten, zeigt jedoch keine Farbe, sondern betreibt in der geschlossenen Knospe Selbstbestäubung. Ein raffinierter Schachzug, Kleistogamie (zu deutsch: heimliche Hochzeit) genannt, der die Pflanze unabhängig macht von Wind und Wetter und den lieben Bienlein, die andere Blumen zur Befruchtung brauchen. Das erklärt, warum man Veilchen im Winter sät, denn die erst im Spätherbst ausgereiften Samenkörnchen sind durch ihren Biorhythmus Kaltkeimer.

Das kleine Veilchen schrieb auch große Geschichte. Napoleon war ihm treu bis in den Tod: Auf seiner Brust fand man in einem goldenen Medaillon zwei getrocknete Veilchen von Josephines Grab. Seine Lebensliebe soll ihm am Abend ihres Kennenlernens ihr Herz in Form eines Veilchensträußes zugeworfen haben. Und in der Verbannung auf Elba (wo er sich den Decknamen »Corporal Violette« – »Veilchenoffizier« zulegte) schwor Napoleon, er werde mit den Veilchen nach Paris zurückkehren. Was ihm pünktlich am 9. März 1815 gelang. Da war Paris ein Veilchenmeer: Napoleons Anhänger erwarteten ihn mit veilchenfarbenen Gewändern, Veilchen im Knopfloch, Veilchensträußen an den Haustüren.

Wo sind sie geblieben, all die üppigen Veilchensträuße, die Sisi am Gürtel trug, mit denen Queen Victoria ihre Schlösser schmückte, die Kaiser Wilhelm als Zierde auf sein Frühstückstablett befahl, die den grimmigen Churchill rührten? Die Eliza Doolittle so marktschreierisch feilbot, wie all die Veilchenverkäuferinnen in den Häfen der Auswandererschiffe, weil die kleine blaue Blume das sentimentalste Andenken an die alte Heimat war?

Heute kann man in jeder Kleinstadt ganzjährig Orchideen und andere Exoten kaufen, aber einheimische Veilchen? Fehlanzeige. Zwei Gründe für Violas Verschwinden aus dem Kommerz: Veilchenpflücken war einst Kinderarbeit, wie auch auf dem bekannten Gemälde von Ferdinand Georg Waldmüller zu sehen. Als dann im 19. Jahrhundert die Gewächshäuser aufkamen, wurde der Veilchenanbau unter Glas zu einem glänzenden Geschäft: Die Treibhauskultur verlängerte die Saison um Monate, bescherte den Floristen mehr und größere Blüten.

Mit dem Ausbruch des Zweiten Weltkriegs verloren die Veilchen ihr Obdach; ihre große Zeit war vorüber. Seither blühen sie wieder, wie in der Natur und im Sprichwort, nur noch im Verborgenen. Nämlich am liebsten im Halbschatten im

Gebüsch. Nicht, dass die robuste, in ganz Europa heimische *Viola odorata* vom Aussterben bedroht wäre. Viele Gartenbesitzer müssen ihre Veilchenpolster straff im Zaum halten, damit sie nicht die zarter besaiteten Blumen in der Nachbarschaft niedermachen. Auch gegen kommerzielle Ausbeutung wehrt sich das Veilchen, trügerisches Sinnbild der Bescheidenheit, erfolgreich. Sein lieblicher Duft ist so schwer zu extrahieren, dass all die Veilchenpastillen, Liköre und Veilchenparfums heute mit künstlichen Aromen hergestellt werden. Oder aus der sogenannten Veilchenwurzel, die Bio-Mütter ihren Kindern auch gern zum Zahnen geben – die aber von einer Iris stammt. Die echten Veilchen spielen schon seit Hildegard von Bingen eine Rolle in der Naturmedizin, sie gelten als Hustenlöser und Augentrost. Und sie schmecken frisch über Salat gestreut, kandiert auf Desserts, als selbstgemachter Sirup, Sorbet oder Veilchenessig so gut wie sie aussehen. Nur eine Warnung zum Schluss: Wenn Männer von den Veilchen schwärmen, denken sie wahrscheinlich nur an das eine. Nämlich an die Berliner Veilchen; die Fußballer von Tennis Borussia in ihren lila Trikots.

Gartler als Partyschreck

Meine Gartenfreundin hatte wieder dieses glückliche Funkeln in den Augen: »Wusstest du schon, dass man auch aus den Blättern von Radieschen und Roten Rüben eine fabelhafte Suppe machen kann?« Müde winkte ich ab und konterte mit einem Geheimrezept für einen Feinschmecker-Salat aus Hopfensprossen.

Hobby-Gärtner benehmen sich – unabhängig von ihrem Geburtsdatum – meist wie Kinder schlechter Zeiten.

Sie können nichts wegwerfen. Sie schnippeln das verwurmte Fallobst aus und kochen Kompott daraus. Sie pellen auch warzige Kartoffeln von der Größe einer Himbeere. Sie reiten wie die Surf-Kings auf der Bio-Welle und traktieren ihre Mitesser mit Suppen und Salaten aus Gänseblümchen, Giersch und Brennesseln. Was halt weg muss.

Diese umsichtige, ökologisch und hauswirtschaftlich hochkorrekte Gärtner-Macke ist nicht zu bemängeln, solange sie sich im Familienkreis austobt. Doch so ist es leider nicht.

Andere bringen Orchideen zur Silberhochzeit ihrer Schwester, die Gartenfrau hocherhobenen Hauptes zwei Kilo Bohnen. Andere bringen eine Flasche Champagner zum Geburtstag der Kollegin, die Gartenfrau einen Korb Zucchini.

Das gemurmelte Zauberwort heißt »Bio« und garantiert, dass die mitgebrachen Äpfel, Birnen oder Pflaumen ziemlich verzwergt und verpickelt sind und mindestens eine Made pro Frucht enthalten.

Im Überschwang der Gefühle übersieht der stolze Kleingärtner auch oft, dass sein Gastgeber ebenfalls einen Garten hat und im Monat Mai gar nicht so glücklich ist über drei weitere Köpfe Salat, nachdem es ihm am Nachmittag gerade gelungen ist, fünf seiner eigenen an die Nachbarn zu verschenken.

Will der Gärtner seinen Überschuss bei anderen Gärtnern entsorgen, muss er sich also was einfallen lassen ... Das Produkt irgendwie verfremden. Bis zur Unkenntlichkeit veredeln. Zu den wohlwollend entgegengenommenen Gaben gehören Pesto, Kräuterbutter und Chutney, falls der Gartler zufällig auch ein versierter Koch ist.

Aber ach, diese Derivate. Seit der Finanzkrise wissen wir, dass das selten etwas Gutes ist. Das trifft auch zu auf die selbstgebastelte Ringelblumen-Salbe (schimmelt nach zwei Wochen) und das Blütenblätter-Potpourri (riecht wie nasses Stroh und beginnt nach einem Monat zu krabbeln).

Selbst wenn Sommer und Erntezeit vorbei sind, ist man vor den Gaben aus dem überfließenden Füllhorn der stolzen Kleingärtner nicht sicher. Sie überschütten den Diabetiker mit Pflaumenmus und Apfelgelee. Apportieren Fliederbeersaft und getrocknete Hortensien, vergoldete Tannenzapfen und selbstgemachten Essig von einer Schärfe, dass sich beim Verkosten die Fußnägel einrollen. Andererseits gibt es einen Grund, warum Mirabellen-Marmelade wenig im Handel ist: Die Früchte der bisweilen überreich tragenden Obstbäume sind zum sofortigen Verzehr bestimmt und schmecken eingemacht einfach fade.

Kein Gastgeber hat was gegen einen netten Strauß von Lorbeer, Thymian und Rosmarin.

Aber diese Tees! Der Darjeeling-Kenner wird beschenkt mit einem Beutelchen graugrünen Inhalts, das nach Heu riecht und Krankenhaus. Es enthält Eigenbau-Salbei, Kamille oder Lindenblüten oder noch viel gewöhnungsbedürftigere Wohltaten wie Brombeerblätter und Kirschenstiele.

Ungebremst von Diskretion beglückt der Gartler in seinem Drang zum Verschenken von Selbstgezogenem verlegene Gastgeber mit Lavendelsäckchen und trompetet dazu: »Nie wieder Motten – garantiert!« Oder mit getrockneten Kürbiskernen: »Das Beste gegen Blasenleiden und Prostata-Beschwerden!«

Ja, und weil Sie mich letzte Woche leider nicht zu Ihrer schicken Party eingeladen haben, wo ich doch schon ein so interessantes Heublumenkissen vorbereitet hatte sowie einen Bio-Salat, werde ich mich jetzt hinsetzen und umdenken: Die verschrumpelten Tomaten, die strohigen Bohnen und die Hardcore-Erbsen kann man doch aufheben, um daraus Gratis-Saat fürs nächste Jahr zu gewinnen. F1-Hybriden-Papperlapapp! Bei mir kommt nix um! Da Ihr Mann im März Geburtstag hat, wird er sich über meine Samentütchen bestimmt freuen.

Die Gartentherapie

Gartenarbeit genoss in Deutschland lange ein biederes, sauertöpfisches Image; das hat sich drastisch geändert.

Elegante Gartenzeitschriften boomen, schnieke Gartenmessen verzeichnen von Jahr zu Jahr mehr Zulauf. Kreative und Promis, die man früher nur mit dem Champagnerglas in der Hand kannte, lassen sich ungeniert mit Knieschonern fotografieren. Ob Jil Sander oder André Heller, Catherine Deneuve oder der Einrichtungs-Papst Conran – sie alle haben den Garten für sich als Inspirationsquelle und Jungbrunnen entdeckt. Typischerweise erst auf dem Höhepunkt ihrer Karriere. Für Teenies und Twens hat Gartenarbeit nach wie vor so viel appeal wie Akne. Garten ist eine Krankheit der zweiten Lebenshälfte, wie das leidenschaftlich buddelnde Volk der Engländer weiß.

Schokolade macht glücklich, haben Forscher herausgefunden. Gartenarbeit auch. Und sie ist nicht nur kalorienfrei, sondern hält schlank und beweglich. Erspart obendrein eine Menge modischer, bisweilen kostspieliger Therapien zur Balance von Körper, Geist und Seele. Weil ein Garten Meditationsraum, Spielwiese und Fitness-

Studio zugleich ist. Wer zwei Stunden im Vierfüßlerstand durchs Staudenbeet gerobbt ist, um Spitzwegerich und Hahnenfuß zu jäten, weiß, was Ausdauertraining ist. Und wer braucht Hanteln, wenn er sich beim Roden von Wurzelstöcken und beim Umschaufeln des Komposthaufens sein Krafttraining für den Bizeps verschaffen kann?

Und fast alles, was die Volkshochschule oder der Geheimtipp-Guru als Heilkurse für diverse Zipperlein anzubieten haben, kann man in seinem Garten ganz umsonst haben.

Ihr Job ist eintönig und Sie fühlen die Spinnweben der midlife-crisis über Ihr Gemüt kriechen? Bei der letzten Beförderung wurden Sie mal wieder übergangen und Sie überlegen, die Mobbing-Kommisssion im Betrieb zu kontaktieren? Da hilft bekanntlich Selbstverwirklichung auf anderen Gebieten. Statt Seidenmalerei oder Makramee ist es viel spannender (und für die Beschenkten weniger peinlich), ein blühendes Beet zu komponieren.

Sie brauchen mehr innere Ruhe, liebäugeln mit Zen? Legen Sie sich einen Kiesgarten an und harken Sie Muster! Das ist nicht allzu anstrengend, dafür Meditation nach Hausmacherart und obendrein voll im Trend.

Sie suchen ein Naturheilmittel gegen Depressionen? Der graue Regenhimmel führt dazu, dass Sie am liebsten gar nicht aufstehen? Das wird anders, wenn die Scholle ruft und in der Garage die Sendung mit teuren Blumenzwiebeln sonst Schimmel ansetzt: die Dinger müssen in die Erde. Also macht man sich ächzend oder fluchend ans Werk und ist nach drei Studen Buddeln im Nieselregen ein neuer Mensch: durchgepustet und stolz auf sich selbst.

Sie leiden unter Konzentrationsstörungen? Kein Yoga-Lehrer wird Ihnen besser helfen können als Ihr Kräuterbeet, wo höchste Konzentration angesagt ist, um keimende Petersilie und dreiste Unkräuter auseinanderzuhalten. Zu Anfang sehen die nämlich verdammt ähnlich aus.

Ihnen fehlt Gelassenheit? Sie kennen die goldene Regel, wonach es für ein glückliches Leben darauf ankommt, das Veränderbare vom Unveränderbaren zu unterscheiden. Wenn kein Mensch auf Erden, so lehrt ein Garten Sie bald diese Unterschiede: Löwenzahn und Vogelmiere zu entfernen liegt in Ihrer Kraft. Ein dauerhafter Sieg über Giersch und Schachtelhalm eher nicht. Also brauen Sie aus dem Schachtelhalm ein Kraftelexier für schwächelnde Pflanzen, erklären den Giersch an seinen hartnäckigsten Stellen zum Bodendecker und schnippeln die jungen Blätter in den Salat.

Wer einen Garten hat, entdeckt sehr lustvoll und ohne Theorie auch die modische Slow-Food-Bewegung für sich: Den Bohnen und Tomaten beim Wachsen zuschauen, dabei schon Rezepte planen und Pfützchen im Mund kriegen. Und dann das satte Quatschen beim Kneten der ersten selbstgemachten Kräuterbutter!

Auch die angesagte Aromatherapie können Sie im Garten zum Nulltarif haben: Lassen Sie die Hände durch Thymian und Absinth gleiten. Frisieren Sie Salbei, Lavendel, Rosmarin zu Kugeln und verwenden Sie den Heckenschnitt zur Herstellung von Potpourris, gemischt mit dem duftenden Überfluss von Rosenblättern. Schneiden Sie Duftriesen wie Flieder und Goldlack, Narzissen und Phlox, Reseda, Maiglöckchen oder Lilien und parfümieren Sie damit ihr Schlafzimmer.

Sie haben Einschlafschwierigkeiten? Das wird ein Ende haben, wenn Sie mal wieder bis zur Dunkelheit und aufkeimendem Muskelkater in Ihrem Garten rödeln, um ihn so hinzukriegen wie einen blühenden Perserteppich. Oder im Gemüsegarten zugange waren bei der Kartoffelernte.

Sie haben Durchschlafschwierigkeiten? Wachen nachts mit pochendem Herzen und wehem Magen auf und denken an die Steuererklärung? Sicher haben Sie schon von vielen Wohlmeinern zu hören bekommen, Sie sollten es mal mit Kräutertee probieren. Absolut richtig. Doch besser als die Beutelchen aus dem Supermarkt oder der Apotheke schmeckt eine Handvoll frisch Gepflücktes. Ob Sie Kamille, Minze, Salbei, Eisenkraut bevorzugen, ist eine Frage des Geschmacks oder Ihrer Wehwehchen.

Und während Ihr Tee zieht, gönnen Sie Ihren Händen eine Maske, die fast nichts kostet und für Gärtnerhände besser wirkt als teure Kosmetika: Einen Esslöffel Zucker mit einem Esslöffel Olivenöl auf die Hände geben und geduldig einmassieren. Mit einem Zitronenviertel die Fingernägel nacharbeiten. Abspülen und Feenhände genießen oder den Partner spüren lassen.

APRIL

Vergissmeinnicht

Rosen, Tulpen, Nelken, / alle Blumen welken. / Nur die eine welket nicht, / diese heißt Vergissmeinnicht.«

Aber während Rosen, Tulpen, Nelken jahrhundertelang den großen Auftritt in Literatur und Malerei hatten, blieb das Vergissmeinnicht unbeachtet von der Hochkultur. Es ist das Aschenputtel unter den Frühlingsblumen, dafür umso beliebter im Poesie-Album, im Volkslied und als Sinnspruch:

»Mit frauen minniglich / sol man reden von Claidern reichlich / und von Plumen geben Vergissmeinnicht« – eigentlich zeitlos aktuell, der mittelalterliche Vers. Zur Modeblume hat es trotzdem nie gereicht.

Bis Mitte des 19. Jahrhunderts war das Vergissmeinnicht eine Arme-Leuts-Blume zum Selberpflücken am Wegesrand. Erst dann begannen englische und deutsche Gärtner sich um Sortenauswahl zu kümmern und es trat nun endlich, von Sumpf, Wald und Wiese kommend, seinen Eroberungszug durch die Gartenpforte ins Frühlingsbeet an. Wer es einmal gepflanzt hat (gern ein bisschen feucht), hat es für immer, denn das Vergissmeinnicht hat seine Wildkraut-Gene trotz Züchtung nicht verloren; es ist extrem anspruchslos und versät sich großzügig.

Wie hart im Nehmen das liebliche Feld-Wald-und-Wiesen-Vergissmeinnicht ist, lässt sich schon daran ablesen, dass es bereits 1908 von den Pionieren im wilden Alaska zur Wappenblume gewählt wurde, und als solche auch bei der Eingemeindung durch die USA übernommen wurde. Auf Alaskas Flagge symbolisiert das blaue Feld den Himmel und das Vergissmeinnicht.

So niedlich wie die Blüte ist auch der wissenschaftliche Name: *Myosotis*, das Mäuseohr. So taufte Carl von Linné, der große Ordnungsstifter der Botanik, 1753 das Vergissmeinnicht. Er bezog sich dabei auf Dioskurides, einen griechischen Arzt aus dem 1. Jahrhundert, der sehr plastisch von einer flaumig behaarten kleinen Pflanze mit Blättern wie Mäuseohren berichtet hatte – was freilich auch ein Borretsch gewesen sein könnte, der zur selben Pflanzenfamilie gehört.

Noch interessanter und rätselhafter ist der Umstand, dass die volkstümlichen Namen von *Myosotis* fast auf der ganzen Welt das Gleiche bedeuten. Das Vergissmeinnicht heißt auf Englisch Forget-me-not; es heißt sinngemäß so auf Schwedisch und Chinesisch, auf Polnisch und Italienisch. Mit einer derartigen Globalisierung des sogenannten Vulgärnamens kann keine andere Blume aufwarten. Und in jedem Land ranken sich entsprechende Märchen und Legenden um die kleine Blaue. Fast immer wurde sie mit der Liebe in Verbindung gebracht – aber die Berliner, bekannt für ihren Mutterwitz, sollen in früheren Zeiten auch säumige Schuldner damit »durch die Blume« gemahnt haben.

Eine besondere Geschichte hat das Vergissmeinnicht bei den Freimaurern: Die Logen waren während des Nationalsozialismus so verboten wie das Tragen aller Abzeichen außer dem Parteiabzeichen. Doch als die Nazis die Sammelbüchsen fürs Winterhilfswerk schwenkten, gab es für die nicht immer freiwilligen Spenden Anstecknadeln, darunter auch Vergissmeinnicht. So harmlos getarnt konnten sich Freimaurer untereinander zu erkennen geben …

Das gemütvolle Vergissmeinnicht, blau wie Kinderaugen (gibt es auch in Weiß und Rosa: kein Zugewinn) ist eine zweijährige Planze. Sie sät sich im Sommer selber aus, die kleinen Blattrosetten erscheinen noch im selben Jahr (oder kommen aus dem Kompost) und blühen dann im nächsten Frühling. Weil sie sich so problemlos verpflanzen lassen, sind sie erstklassige Lückenbüßer in der Rabatte. Am schönsten, wenn man die verstreuten Sämlinge im ganzen Garten einsammelt und zu einem Teppich zusammensetzt, über dem sich blauschwarze (*Queen of Night*) und weiße (*White Triumphator*) Tulpen wiegen.

Lernen von der Limabohne

Insgeheim habe ich sie immer für Spinner gehalten: Die Naturschwärmer, die beim Waldspaziergang ergriffen auf eine dicke Buche zugehen und »Bruder Baum« umarmen und behaupten, die Kräfte des schweigsamen Wahlverwandten in ihren Eingeweiden zu spüren. Die seelenvollen Gärtnerinnen, die ihre prachtvolle Rosen- oder Ritterspornblüte nicht auf eine besondere Rasse und beneidenswerten Lehmboden schieben, sondern auf ihren Dialog mit den Pflanzen.

Mit Blumen reden ist wie Hypnose. Wenn man daran zweifelt, funktioniert es eben nicht, so erklären Leute, die daran glauben, meine diesbezüglichen Misserfolge.

Pflanzen sind für viele Leute ja so was wie ein pflegeleichter Haustier-Ersatz. Müssen nicht Gassi geführt werden, bellen, maunzen, haaren nicht und wollen nicht in Frauchens Bett. Sehen schmuck aus und riechen immer gut; was man von nassen Schäferhunden nicht sagen kann. Außerdem gehen die meisten Blumen, Sträucher und Gemüse in einen ausgiebigen Winterschlaf, wo sie keinerlei Zuwendung von ihren Erziehungsberechtigten verlangen. Müssen nicht für viel Geld mit schlechtem Gewissen in einer Pension einquartiert werden, wenn man mal sechs Wochen nach Neuseeland oder Südafrika will. Haustierbesitzer werden jetzt aufquieken und in verächtlichem Ton ins Feld führen, dass Pflanzen dafür seelenlose, undankbare Wesen seien und keinen Funken Verstand hätten. Dumm wie Bohnenstroh eben.

Von wegen! Die Limabohne zum Beispiel ist cleverer als Hund und Katz, wenn sie von Schädlingen befallen wird. Spürt sie Bohnenkäfer oder Raupen auf ihren Blättern, presst sie schnell ein paar Nektartröpfchen hervor. Die locken in kürzester Zeit Ameisen herbei, deren Hobby das Verbeißen der Bohnenschädlinge ist. Sicherheitshalber nebelt sich die Limabohne auch noch mit einem Duftstoff ein, der Schlupfwespen anlockt, welche die Raupen anpieksen und ihre Kuckuckseier hineinlegen; die schlüpfenden Larven fressen dann den Wirt von innen auf. Und damit nicht genug: Ein Wissenschaftler legte einen Plastikschlauch von einer Limabohne im Abwehrkampf zu gesunden Pflanzen in einigem Abstand und konnte nachweisen, dass die befallene Bohne ein Alarmsignal (vermutlich in einer Duftsprache) aussendet, das die Nachbarn warnt. Die dann schon mal vorsorglich ihre chemischen Waffen rausholen.

Und Pflanzen können noch viel mehr. Die Telegraphenpflanze bewegt ihre Blätter, wenn man ihr Musik vorspielt. Mimosen falten schon bei zarter Berührung beleidigt ihre feinen Blätter zusammen (und heißen deswegen im Volksmund auch »Rühr-mich-nicht-an«), besprüht man sie jedoch mit Äther, kann man ihnen sogar ein Blatt abschneiden, ohne dass sie reagieren. Die Narkose wirkt so zuverlässig wie bei Zwei- und Vierbeinern.

Seit einigen Jahren beschäftigen sich Biologen weltweit sehr ernsthaft mit der Empfindsamkeit der Flora (in der Schweiz wurde schon eine Ethikkommission eingerichtet zum Thema »Würde der Kreatur bei Pflanzen«) und der Messung von Pflanzen-Intelligenz. Beste Zensuren erhielt dabei auch der gute alte Rosenkohl, der mitnichten als dummes Opfer herumsteht, wenn im Sommer die gefürchteten Kohlweißlinge ihre Eier auf ihm ablegen. Der Rosenkohl verändert, wenn er die klebrigen Eier spürt, die Musterung seiner Blätter und das veränderte Dessin wirkt äußerst anziehend auf bestimmte Fressfeinde der Schmetterlingsbrut, die den Rosenkohl selbst nicht annagen.

Das biedere Gemüse ist also raffinierter in seiner Selbstverteidigung als wir, wenn wir mal wieder unser Autan vergessen haben und an einem warmen Sommerabend am See von Mückenstichen gefoltert werden. Und Frauen sind leider nicht in der Lage, spontan einen penetranten Geruch auszusenden, der die Grabscher in überfüllten öffentlichen Verkehrsmitteln fernhält oder die Sittenpolizei alamiert. Jeder Kleingärtner weiß auch, dass man Bohnen nicht mit Erbsen zusammenpflanzen darf, weil die sich nicht riechen können und ihren Nachbarn in seiner Entfaltung behindern.Warum hat sich so ein simples Schema noch nicht bei Vermietern und Eigentümergemeinschaften herumgesprochen?

Ich glaube, ich muss doch noch mal mit meinen Pflanzen reden. Wahrscheinlich könnte ich da was lernen.

Der Totenkopf lässt grüßen

Es muss nicht immer Zyankali sein. Fünf getrocknete Fingerhutblätter tun es auch. Und wem Spitzenhäubchen nicht stehen oder wer kein intimes Verhältnis zu einem Chemiker hat, der braucht sich auch nicht die Hacken nach Arsen abzulaufen. Mit dem schönen blauen Eisenhut aus der Herbstrabatte geht es genauso gut.

Seit ich neulich das aufregende Buch mit dem einschläfernden Titel *Schön, aber gefährlich* geschenkt bekam, hat sich mein Blick auf meinen Garten dramatisch verändert. Ich könnte, ohne einen Umweg über die Apotheke zu machen, ganz locker meinen Stadtteil mit Mann und Maus ausrotten. Wo doch anderthalb Pfund Buchsbaumschnitt genügen, um ein ausgewachsenes Pferd zu killen. Für einen Chihuahua genügen schon fünf bis zehn Gramm, warnt die Verfasserin.

Helga Urban ist eine lächelnde weißhaarige Dame mit einem weithin bekannten weißen Garten. Sie ist Gartenberaterin, Kamelien-Spezialistin, ehrenamtliche Mitarbeiterin des Frankfurter Palmengartens und renommierte Gartenbuchautorin. Diesmal streikten ihre Verleger jedoch. Das Thema war ihnen zu heikel. Hat sie ihr Buch eben selbst verlegt.*

Zehn Beeren vom Seidelbast und Ihr Beziehungsproblem ist beendet. Der Missliebige sollte jedoch ein Chili-Liebhaber sein, damit er den brennend scharfen Geschmack nicht merkt – für Müsli-Esser also eher ungeeignet. Den müsste man vielleicht mit der betörend duftenden Engelstrompete füttern …

Sind ihre unangenehmen Nachbarn zu zahlreich, als dass Sie sie individuell zu einem effektiven Herbstzeitlosen-Süppchen oder einem für alle Zeiten ruhigstellenden Salat aus Maiglöckchen-Blüten oder zu einem Bohnengemüse, vermischt mit Goldregen-Hülsen einladen können, dann empfiehlt sich als Rundumschlag das bewährte Brunnenvergiften. Hierzu einfach das Christrosen-Beet hochnehmen und die Wurzeln ins Wasser. Haben schon die Römer gemacht, 600 vor Christus einen ganzen Fluss kontaminiert, aus dem die feindliche Armee ihr Trinkwasser schöpfte. Von der Armee blieb ein zitternder, diarrhoegeplagter Haufen Kranker, der sich willenlos ergab. Cäsar verwandte später das noch effektivere Bilsenkraut zum gleichen Zweck. Weil bekanntlich die Dosis das Gift macht, mischten bis zum 15. Jahrhundert die Bierbrauer zwecks Haltbarmachung (sie kannten den Hopfen noch nicht) ein bisschen Bilsenkraut in ihren Gerstensaft, das dröhnte auch so schön … daher der Name »Pils«.

Es sind solche Anekdoten der historisch wie botanisch gleichermaßen bewanderten Autorin, die einen dies Gartenbuch wie einen Krimi verschlingen lassen – mit Lust und Entsetzen. Vom Schierlingsbecher bis zur Hexensalbe, von Kleopatras Liebestränken bis zum Gebräu der Engelmacherinnen, von Mussolinis Foltermethoden (Rizinus bis zum Zusammenbruch) bis zu den hippen Kiffer-Tees wachsen nämlich fast alle Zutaten in unseren Gärten. Bloß wussten wir es nie so genau.

Bis vor zwei, drei Jahrzehnten fand die heute todschicke Eibe (der extrem frisierfreudige *Taxus baccata* ist neben dem Buchs heute das Architekten-Mittel der Wahl für Formschnitt-Gärten) hierzulande wenig Freunde. Sie wurde in Deutschland hauptsächlich als Friedhofsgewächs betrachtet. Mit einer gewissen Berechtigung. Der Extrakt aus ihren Nadeln – das Alkaloid Taxin – sorgt eventuell fürs letzte Heißgetränk vor dem kühlen Grab.

Wie war Dornröschen in den hundertjährigen Schlaf versetzt worden? Hatte sich an einer giftigen Spindel gestochen, wie wir wissen. Klar doch, das Dornröschen webte gerade an einem Tischläufer für seine Aussteuer, als es passierte. Aus dem zähen Holz unseres gewöhnlichen Pfaffenhütchens, *Euonymus europaeus*, fabrizierte man früher das Heimwerker-Zubehör. Weswegen das

Pfaffenhütchen auch Spindelstrauch heißt. Und dessen Holz ist so giftig, dass sich außer Dornröschen auch reihenweise Drechsler eine Auszeit nehmen mussten. Wem das nicht genügt, der kann das Verfahren mit einer Handvoll Fruchtständen unwiderruflich abkürzen. Seit der Lektüre wundert's mich, dass ich und meine Lieben bei unserer experimentierfreudigen modernen Küche mit Wildkräutern, Blüten und Blättern noch alle leben …

---

* Helga Urban/ Marion Nickig: *Schön, aber gefährlich.* 180 Seiten und Farbfotos, 34,90 Euro, BoD 2009, ISBN 978-3-8370-3916-0

MAI

Maiglöckchen

Der Duft des Maiglöckchens »bricht das Eis des Winters und der Herzen«, soll der sonst so spöttische Heinrich Heine gesagt haben. Christian Dior liebte es so sehr, dass er Abendroben und seidene Schuhe damit besticken ließ, die anmutige Kelch-Silhouette als »Maiglöckchen-Linie« verewigte und angeblich wurde ein getrocknetes Maiglöckchen in die Säume seiner Couture-Kleider eingenäht. Kurz vor seinem frühen Tod gelang es, seinen Lieblingsduft zum Parfumklassiker »Diorissimo« zu destillieren.

Während das Maiglöckchen in Deutschland vor allem eine Muttertagsblume ist und im Brautbukett steckt, hat es in Frankreich eine viele größere Tradition. Der 1. Mai ist dort erst in zweiter Linie der Tag der Arbeit; in erster Linie ist es der »jour du muguet«. Der Tag, an dem jeder jedem netten Menschen ein Maiglöckchen schenkt. Das kleine Weiße gilt als Glücksbringer seit den Zeiten der Kelten, bei denen der 1. Mai Beginn des neuen Jahres war. Populär gemacht hat es der Teenager-König Charles IX, der 1561 seine Hofdamen damit beschenkte. Heute werden 50 Millionen Blüten allein für diesen wohlriechenden Brauch gezogen. Die Hauptanbaugebiete liegen bei Nantes und in der Elbmarsch bei Hamburg, wo das Maiglöckchen auf zwanzig Hektar im Freiland wächst.

Der lateinische Name *Convallaria majalis* bedeutet: zur Maienzeit im Tal wachsend. Keine exakte botanische Beobachtung, denn das Maiglöckchen gedeiht bis fast zur Baumgrenze, besonders gern in lichten Buchen- und Eichenwäldern oder im Haselgebüsch. Dem Namen *Convallaria* liegt vielmehr ein frommer Irrtum zugrunde: Lange glaubte man, bei der »Lilie des Tales« im Hohelied Salomons habe es sich um ein Maiglöckchen gehandelt, wiewohl diese Pflanze der gemäßigten Breiten im Land der Bibel gar nicht wuchs. Das erklärt aber, warum die mittelalterliche Malerei die »Lilie des Tales« zum Marien-Attribut erhob und warum das Maiglöckchen auf englisch »Lily of the valley« heißt, obwohl es mit der Lilie nichts gemeinsam hat.

Denn das Maiglöckchen ist im wahrsten Sinn des Wortes einzigartig: es hat, anders als die meisten Blumen, keine Verwandten, bildet eine Gattung ganz für sich allein.

Wo es ihm gefällt, zeigt das Maiglöckchen bald, was der Fachausdruck »gesellig wachsend« bedeutet: Es kann sich im Garten zur Pflanzen-Walze entwickeln, die schwächere Naturen niedermacht. Die Samen aus den roten Früchten, eine Delikatesse für Amseln, werden von den Vögeln diskret gedüngt wieder ausgeschieden und so verbreitet. Viel effizienter aber vermehrt sich die »Orchidee des Nordens« durch tief und breit wuchernde Wurzelausläufer.

Maiglöckchen stehen unter Naturschutz – und sind sehr giftig. Bei Agatha Christie wird sogar mit Maiglöckchen-Wasser aus der Blumenvase gemordet, was aber dichterische Freiheit ist; die Giftstoffe zerfallen viel zu schnell. Und wenn Ludwig Uhland dichtet: »Mit dem Tau der Maiglöckchen / wäscht die Jungfrau ihr Gesicht«, bezieht er sich ebenfalls auf einen Aberglauben: Die Blätter wurden im 19. Jahrhundert eifrig aber erfolglos von sommersprossigen Mädchen benutzt, um den begehrten blütenweißen Teint zu erzielen. Getrocknete Blüten wiederum wurden einst dem Schnupftabak zugesetzt: das erzeugte den richtigen Kick in der Prise.

Die Medizingelehrten der Renaissance wie Kopernikus (der berühmte Astronom war im Brotberuf Arzt) ließen sich gern mit einem Maiglöckchen malen. Es war ihr Standesabzeichen und sie nannten es »salus mundi«. Denn das »Heil der Welt« war das Mittel der Wahl gegen Herzschwäche, bevor es vom noch wirksameren Fingerhut-Gift abgelöst wurde.

Dafür blüht dem Maiglöckchen jetzt eine interessante neue Karriere. Professor Hanns Hatt von der Universität Bochum entdeckte, dass Spermien von Maiglöckchenduft angezogen werden. Er wies nach, dass dieser Duft um die weiblichen Eizellen herum natürlich vorhanden ist und den männlichen Samen dorthin lockt. Unterm Mikroskop lässt sich diese »Chemotaxis« besichtigen: Spermien schwimmen schneller und zielgerichteter, wenn es nach Maiglöckchen riecht. Diese Erkenntnis eröffnet nach Ansicht von Wissenschaftlern die Aussicht auf völlig neue Methoden sowohl der Verhütung als der künstlichen Befruchtung.

Geschmackswüste fürs Wunschkind

Meine Nachbarn haben einen bezaubernden Garten. Er ist ein Starfriseur mit der Heckenschere und sie fährt notfalls hundert Kilometer weit, um eine besonders ausgefallene Kamelie oder Schwertliliensorte zu ergattern.

Meine Nachbarn hatten einen bezaubernden Garten. Bis das Wunschkind kam und die ersten Schritte machte. Nein, nicht dass die glücklichen Eltern nun ihre Staudenbeete vernachlässigen oder Klein-Amelie wie ein Maulwurf die Rabatten durchpflügt. Es ist viel schlimmer. Was früher eine Pastorale in Pastelltönen war, sieht jetzt aus wie eine Kirmes für Arme. Quietschblaues

Planschbecken. Orangefarbene Sandkiste. Gelbgrüne Kriechraupe. Pinkfarbene Schaukel. Alles aus Plaste und Elaste, so, als hätte hier jemand ein Überraschungsei für Riesen geknackt und den Inhalt wahllos über den Rasen verteilt.

Beim Anblick dieser zuhauf sprießenden Mini-Disneylands beschleicht mich der unfeine Gedanke, dass die spendierfreudigen Eltern oder Großeltern in Wahrheit nur zu faul sind, um ihre Herzblättchen zum Spielplatz oder ins Spaßbad zu begleiten, wo diese garantiert mehr Vergnügen hätten, als einsam in ihrem Einzelkind-Paradies vor sich hinzuspielen. Die Vorgarten-Rutschen, auf denen so ein einsamer Knirps grad mal anderthalb Meter Talfahrt hat, erinnern mich in ihrer Sinn- und Freudlosigkeit an Sisyphos-Arbeit.

Nun möge mir bitte niemand unterstellen, ich hätte kein Herz für Kinder. Ich weiß nur aus Erfahrung, dass man seine Nachkommenschaft im Garten großartig amüsieren kann ohne einen ästhetischen Offenbarungseid zu leisten. Eine Sandkiste muss sein, keine Frage. Es spricht nur eben überhaupt nichts gegen einen Kasten aus Holz mit umlaufendem Sitzbrett und einem ordentlich dimensionierten Sandhaufen, in dem man die kleine Schwester auch mal bis zum Hals eingraben kann. Und wenn die Sandkuchen-Bäckerin anfängt, sich die Fingernägel zu lackieren und der Tunnelgräber aufs Skateboard umsteigt, blüht dem Kasten noch ein zweites Leben als Anzuchtbeet oder Sand-Miete (für Leute, die keine Karotten anbauen: darin werden Rüben aller Art im Winter frisch gehalten).

Auch Wasser brauchen Kinder im Garten, aber doch nicht so ein grausig buntes aufblasbares Teil, dem beim robusten Spielen überdies schnell die Luft ausgeht. Ein Steintrog oder ein halbiertes Holzfass eignen sich genauso gut zum Wasser schöpfen zwecks Anfertigung von Baggermatsch oder Nussschalen-Bötchen schwimmen lassen.

Wo handwerklich halbwegs begabte Väter, Opas oder Onkel vorhanden, freuen sich Kinder wie Bolle, wenn sie beim Eigenbau einer hölzernen Wippe helfen können. Und sei es nur, indem sie die heruntergefallenen Schrauben im Gras auflesen.

In Wahrheit brauchen Kinder kein Spielzeug im Garten, und schon gar keins aus Weichplastik. Zum Kochen von Gras-Suppe und Erdbrei finden die meisten Kinder ausrangierte »echte« Töpfe aus der mütterlichen Küche viel interessanter. Wohlhabende Eltern mit Geschmack lassen sich manchmal dazu verleiten, ihrem Kind ein architektengeschneidertes Baumhaus anzudienen. Ich bezweifle aber, ob Philip oder Felicitas sich nicht viel lieber selber eine Hütte unterm Hollerbusch einrichten würden. Das setzt eine andere Art Großmut voraus, die bei gärtnernden Eltern eher selten ist: Man müsste dem Kind ein Stückchen Gartenland abtreten – ohne allerdings zu erwarten, dass die lieben Kleinen darin akkurat Radieschen ziehen. (Es soll vereinzelt solche Kinder geben, ich kenne sie freilich nur vom Hörensagen oder als putzigen Einfall von Gartenzeitschrifts-Redakteurinnen, die dann Klein-Emma mit Schürzchen und Strohhut beim Maßliebchen-Gießen zeigen.) Ein kindgerechter Garten geht anders und widerstrebt dem etepetete-Gärtner. Soll er neben seinen unkrautfreien Rabatten etwa ein Gewölle aus unbeschnittenem Wildwuchs dulden, wo die Kinder Verstecken spielen und Höhlen bauen können? Die dann aussehen wie von notleidenden Obdachlosen erbaut: mit Pappkartons, Teppichresten, kaputten Regenschirmen und Planen wohnlich gemacht – für Kinder der Himmel auf Gartenerde.

Und wenn's der schönheitsdurstigen Gartenfrau auch im Auge wehtut, einfach dran denken: In fünf Jahren, spätestens, ist alles vorbei. Dann kann hier ein geschmackvolles Buchs-Parterre hin oder ein Gewächshaus, während die struppigen Höhlenmenschen sich das Haar mit Gel glätten, nach Kino und McDonalds verlangen und für alles, was mit Garten zu tun hat, nur ein ganz großes Gähnen übrig haben.

Im Schnippelrausch

GT: Sie sagen, er macht das immer?

(Frau nickt und heult)

GT: Hinter Ihrem Rücken?

(Frau nickt und heult)

GT: Er weiß, dass Sie es nicht mögen und macht es trotzdem?

(Frau nickt und schluchzt)

GT: Sie glauben also, es ist zwanghaft?

(Frau schnieft, Therapeut reicht Kleenex-Box)

GT: Entschuldigt er sich hinterher?

(Frau schüttelt den Kopf)

GT: Was haben Sie unternommen, um ihn daran zu hindern?

(Frau starrt die Wand an)

GT: Haben Sie schon mal versucht, ihm eine stumpfe Schere unterzujubeln?

Frau: Hat nix genützt. Er nimmt dann die Axt oder die Säge.

Wir sind hier im PSZAK, dem Psychosozialen Zentrum für anspruchsvolle Kleingärtner, und haben Gelegenheit, einer typischen Suchtberatungsstunde beizuwohnen. Der Gartentherapeut (GT), spezialisiert auf Opfer-Therapie, versucht der Co-Abhängigen Wege aus der männlichen Schnippel-Falle aufzuzeigen. Wie die Fachzeitschrift »Scholle zu zweit« vermeldet, sind die Plattmacher-Phantasien des gartelnden Mannes Scheidungsgrund Nummer eins in Deutschlands blühenden Gärten.

GT: Sie sagen, Sie könnten sich mit seiner Perversion abfinden, wenn sie im Rahmen bliebe. Aha, ich sehe hier in meinen Aufzeichnungen: Er stutzt den Bux also auch bei größter Hitze und anschließend ist die Hecke monatelang braun?

Frau: Genau! Und ich habe Ihnen noch gar nicht erzählt, was er mit dem Lavendel angestellt hat.

GT: Haben Sie schon mal versucht, ihn mit einem Aufsitz-Rasenmäher abzulenken? Seine Gelüste sozusagen in erlaubte Bahnen zu lenken?

Frau: Ich mag aber Gänseblümchen und so …

GT: Jetzt denken Sie mal nicht immer nur an sich. Okay, Sie hatten keine Äpfel dieses Jahr, weil ihr Mann mal wieder zur Unzeit am Baum geschnippelt hatte. Sie müssen sich fragen, was ihn dazu treibt.

Frau: Er ist da wie im Rausch, wissen Sie …

GT: Wir haben es hier im weitesten Sinn mit einer verbreiteten männlichen law-and-order-Mentalität zu tun. Liebe Dame, glauben Sie wirklich, es ist so einfach für einen Mitteleuropäer, kampflos zuzusehen, wie ihm die eigenen Kinder über den Kopf wachsen? Haben Sie kein Verständnis dafür, dass er dann wenigstens die Fichtenhecke kleinhalten will?

Frau: Unsere Kinder sind aber eher klein geraten, während er, früher jedenfalls …

GT: Keine intimen Details bitte! Bleiben wir innerhalb des Gartenzauns.

Frau: Ich wollte nie einen Zaun, ich wollte eine blühende Zwei-Meter-Hecke. Aber er hat sich dann diese Suzuki-Exterminator XXL angeschafft.

GT: Echt? Hab ich auch! Gutes Teil, rasiermesserscharfe Sägezähne, geringer Benzinverbrauch, drei Jahre Garantie … Aber zurück zu Ihrem Problem, bitte.

Frau: Gestern hat er sich den Walnussbaum vorgenommen, der nach fünfzehn Jahren zum ersten Mal trug … hat ihn in Zypressenform geschnitten … das wird er nicht überleben!

GT: Wer?

(Frau kriegt heftigen Schluckauf)

GT: Gute Frau, beruhigen Sie sich! Kürzlich hatte ich eine Klientin, die nur mal kurz beim Zahnarzt war und bei ihrer Rückkehr fand sie ihr Haus nicht mehr. Sie schob es auf die Betäubungsspritze. Sache war, dass ihr Mann die acht Meter hohe Taxushecke auf Kniehöhe eingekürzt hatte. Dabei hat er es gut gemeint und sogar einen fünf Meter hohen ausdrucksstarken Osterhasen an der Pforte geschnitzt. Ganz aus Eibe!

Frau: Mein Mann ist aber kein Künstler.

GT: Nun mal sachte, wer kann das schon beurteilen? Vielleicht ist er Minimalist? Was ich noch fragen wollte: die Nachbarn – gibt es da ein Problem?

Frau: Und ob!

GT: Dacht ich mir's doch! Schnippelt der Nachbar auch?

Frau: Tag und Nacht!

GT: Ja, glauben Sie, Ihr Mann möchte da zurückstehen? So ein zauselig blühender Flieder im schnurgeraden Layout einer gepflegten Umgebung kann Nachbarschaftsprobleme schaffen. Vielleicht liegt es aber auch tiefer. Also, ich glaube, dass Ihr Mann seine Kastrationsängste an wehrlosen Kreationen auslebt. Um dieses Problem in den Griff zu kriegen, müssten Sie ihn mir aber mal selber schicken.

Und nun entschuldigen Sie bitte, ich muss die Séance heute früher beenden: Meine Frau ist ein paar Tage verreist und ich muss unbedingt noch diesen unordentlichen Bambus-Hain absäbeln, bevor sie zurückkommt.

JUNI

Mohn

Was ist eigentlich Ihre Lieblingsblume?«, werde ich oft gefragt. Ich hatte auch im Garten viele Lieben in meinem Leben. So manche Leidenschaft ist einem im Nachhinein unbegreiflich. An andere denkt man immer noch gern, auch wenn man ihre Fehler heute deutlich sieht. Und der allerersten Liebe gebührt natürlich ein nostalgischer Sonderplatz.

Meine erste Blumenliebe, da konnte ich noch nicht einmal lesen und schreiben, waren die blutroten Mohnblumen im Garten meiner Großeltern. Man konnte ihnen mit Geduld beim Wunder des Aufblühens zusehen und dann haben wir kleine Puppen daraus gebastelt: Blütenblätter vorsichtig nach unten klappen, mit einem Fädchen zusammenbinden, das ist die Taille der Mohnprinzessin mit dem roten Rock und dem schwarzen Kopf. Heute weiß ich, dass dies *Papaver orientale* war, der Türkenmohn, eine der wenigen Stauden in der großen Mohnfamilie. Es gibt ihn inzwischen nicht nur im typischen Scharlachrot, sondern auch in einem weniger vorlauten Rotweinrot und, besonders apart, in einem grau angehauchten Weiß mit schwarz-lila Auge. Sieht großartig aus zusammen mit den gleichzeitig prunkenden violetten Blütenbällen des Zierlauchs (mein Tipp: *Allium* ›Purple Sensation‹ zum Mohn ›Perry's White‹).

Der immer spektakuläre Auftritt des Türkenmohns im Garten hat seinen Preis: Die Blütezeit ist relativ kurz und die haarige Blattrosette zieht bald danach ein. Und wie alle Mohnsorten taugt er nicht als Vasenblume, selbst wenn man den Trick beherzigt, den Stiel sofort nach dem Schnitt anzusengeln.

Der Klatschmohn (*Papaver rhoeas*) sieht aus wie der kleine arme Verwandte vom Türkenmohn und ist eine Wildblume, die in der Landwirtschaft als Unkraut ausgemerzt wurde. Weswegen die Mohnblumenfelder unserer Kindheit oder wie auf den impressionistischen Gemälden von Monet nur noch Erinnerung sind. Heute darf der Klatschmohn uns nur noch vom Feldrain aus zunicken.

Klatschmohnsamen können hundert Jahre lang metertief im Boden schlummern und beim Umgraben wie eine fröhliche rote Flutwelle hervorbrechen – das erklärt den spontanen Blütenteppich, den man oft in der aufgebaggerten Mondlandschaft von Neubaugebieten bestaunen kann oder nach Hurrikanen, wo die entwurzelten Bäume die schlafende Saat ans Tageslicht gerissen haben.

Auch, dass in England am 11. November fast jedermann eine Mohnblume im Knopfloch trägt, hat damit zu tun: Anderswo ist man nicht so geschichtsvergessen, das Datum als Karnevalsbeginn zu feiern, vielmehr ist das in den Ländern der Alliierten ein Feiertag zum Gedenken an das Ende des Ersten Weltkriegs. Die deutsche Kapitulation wurde am 11.11. um 11.00 Uhr unterzeichnet. Der Klatschmohn ist das sinnfällige Symbol der blutgetränkten Schlachtfelder in Flandern, wo Abertausende von Soldatengräbern ausgehoben wurden; die Natur reagierte darauf mit einer nie da gewesenen Mohnblüte, wie in dem berühmten Gedicht von John Alexander McCrae beschrieben: »In Flanders fields the poppies blow / between the crosses, row on row …«.

Nicht einfach blutrot, sondern in unendlich variierten delikaten Farbtönen von rosa und lila, teilweise gefüllt und oft meterhoch wächst der Schlafmohn (*Papaver somniferum*). Eine Augenweide und der Inbegriff der Blume des Bösen. Weil aus dem milchigen Saft der Stängel Morphium, Opium und Heroin gewonnen wird, und das nicht nur zu medizinischen Zwecken.

Die dicken, silbrig überhauchten Samenkapseln des Schlafmohns liefern die blauen Körnchen für die Küche. Aber als ich in Frankreich mal einen Mohnkuchen backen wollte, schüttelte man im Lebensmittelgeschäft bedauernd den Kopf und schickte mich in die Apotheke. Der aromatische Speisemohn für allerlei Leckereien wird hauptsächlich im österreichischen Waldviertel angebaut – in Deutschland dagegen dürfen laut Gesetz in Gefängnissen noch nicht mal Mohnbrötchen serviert werden!

Dass auch ich schon oft mit einem Fuß im Gefängnis stand, wurde mir erst bei den Recherchen zum Thema Mohn bewusst: Der bildschöne Schlafmohn vermehrt sich wie der Klatschmohn ganz von selbst. Die Kapseln platzen, und der Wind verteilt die üppige Saat per Flugpost. In manchen Jahren habe ich mich in aller Unschuld an dem Blütenreichtum erfreut. Ganz ohne Genehmigung! Die hätte ich als Privatperson aber gegen eine Gebühr von 75 Euro einholen müssen, um maximal zehn Quadratmeter im Garten damit zu verschönern.

Dubioser Blick über den Gartenzaun

Fast täglich kann man sie irgendwo lesen, die gut gemeinte Empfehlung, doch mal über den eigenen Gartenzaun zu blicken. Sie richtet sich bekanntlich nicht nur an Gartler, sondern ist als Aufforderung zu mehr Weitsicht und Toleranz gemeint.

Die meisten Gartenbesitzer wollen sehr gern über den eigenen Zaun gucken, vorausgesetzt, dahinter befindet sich eine blumige Wiese oder sonst was Schönes. Leider müssen aber viele Leute stattdessen mit dem Anblick von Nachbars Müllcontainern oder einem Carport aus Waschbeton vorliebnehmen. Also grübelt man man über ein cache-misère, wie die Franzosen das Überdecken von Elend nennen. Palisaden müssen hochgezogen, Rankgitter gebastelt und die Pflanzkataloge nach den schnellen Brütern unter den Klimm- und Kletterpflanzen durchforstet werden.

Wer beim Blick über den eigenen Gartenzaun eine idyllische Landschaft oder einen verwunschenen Nachbarsgarten betrachten kann, hat großes Glück. Und ist trotzdem nicht immer froh. Denn es gibt da ein Problem: Wer genießerisch über seinen Gartenzaun guckt, dem können Nachbarn und Spaziergänger auch ungeniert zurückgucken. Das hat man ja nicht so gern beim entblößten Sonnenbad oder beim Kriechgang durchs Unkraut mit hochgerecktem Hintern in der beuligen Gartenhose. Auch findet mancher Reihenhausbesitzer, es geht seinen Anwohner zur Rechten nichts an, dass mitten in der Woche Hummer auf den Gartentisch kommt oder der Nachbar zur Linken zum Kaffee gebeten wurde, nicht aber er selber. Dies verbreitete Dilemma wird von gutmenschlichen Kommentatoren mit ihrer Aufforderung zu mehr Blicken über den Gartenzaun durchweg verschweigen.

Das Getüftel um den idealen Gartenzaun ist so alt wie der Garten. In grauer Vorzeit verschanzten sich Menschen, die gelernt hatten, etwas zu säen und zu pflanzen, mit Dornenverhau und Erdwällen gegen wilde Tiere und Naturgewalten. Mit meckernden, dauergrillenden, von allen guten Geschmäckern verlassenen Nachbarn und kommunalen Bauverordnungen hatten sie sich damals noch nicht herumzuschlagen.

Seither hat sich der gartelnde Mensch unendlich viel einfallen lassen, um seine Parzelle vor Apfeldieben und neugierigen Blicken zu schützen: sauber gestutzte Hecken und spalierstehende Christbäume. Backstein- und Bruchsteinmauern, edle Gitter aus Schmiedeeisen und weniger edle Bonanza-Zäune oder Bambus-Pflanzungen, die Wildwest und Fernost im Voralpenland oder der norddeutschen Tiefebene spielen.

Die skandinavische Sitte, zaunlos zu leben, ist dem deutschen Wesen zutiefst fremd. Ein germanischer Klassiker ist der Jägerzaun und sein knubbeliger Verwandter, der Hermann-Löns-Zaun, den es als Perversion auch in Gips gegossen gibt. Ein Bummel durch den Baumarkt bietet noch andere Schrecken an: Bollwerke aus weißem PVC und Fertigwände aus Beton. Quietschgrünes Plastikgeflecht, fix und fertig bepflanzt mit künstlichem Efeu. Schilfmatten als Sichtschutz, die nach kürzester Zeit zerfleddert in die Knie gehen.

Auf keinen Fall zu vergessen ist der hochbeliebte Maschendrahtzaun, von Stefan Raab besungen und 800 000-mal verkauft. Und das kam so: 1999 präsentierte sich die sächsische Hausfrau Regina Zindler im Fernsehen bei einer TV-Richterin und klagte in ihrem heiteren Idiom gegen den Knallerbsenstrauch des Nachbarn an ihrem schönen neuen Maschendrahtzaun. Die Sache schlug gewaltige Wellen in der Saure-Gurken-Zeit. Der Strauch wurde im Licht der Fernsehkameras umgepflanzt, Schaulustige bepilgerten die nachbarschaftliche Kampfzone und lugten so penetrant durch den Maschendrahtzaun, dass sich Regina Zindler genervt zum Umziehen gezwungen sah.

Unbemerkt von der Öffentlichkeit wird tagtäglich ein Nachbarschaftsstreit vom Zaun gebrochen (da kann man mal wieder die tiefen Erfahrungswerte der deutschen Sprache sehen ...). Außer um Knallerbsen, übergriffige Brennnesseln und wilde Brombeeren geht es dabei noch häufiger um Hund & Katz.

Wenn der Nachbar einen Schmusetiger hat, der kleine Vögel frisst, den Goldfischen im Teich auflauert oder im Saatbeet buddelt und scheißt, wird vor Gericht gezogen. Umgekehrt klagen Katzenhalter gegen die Grenzverletzungen von Nachbars Dackel oder Rottweiler, der Fell und Nervenkostüm ihres geliebten Siamesen oder Karthäusers beutelt. Gartenmauern, von Glasscherben oder Stacheldraht gekrönt, verraten jedem Passanten sofort den Stand der Dinge zwischen zwei verschanzten Nachbarn, sind aber rückläufig im Bild der Villenviertel. Der moderne Wink mit dem Zaunpfahl sind Elektrodrähte, die heute kinderleicht, billig und diskret zu installieren sind.

»Es war einmal ein Lattenzaun, mit Zwischenraum, hindurchzuschaun …«, dichtete Christian Morgenstern. Ein Klassiker, der Lattenzaun, leider auch vom Aussterben bedroht. Ich weiß warum. Habe meinen gerade gestrichen. Das hat mich fünf Farbeimer und eine sonnige Woche gekostet und diese Kolumne fast am Erscheinen gehindert.

Der ewige Gärtner

Es war Marion, die aus ihrer Ehe ausbrach und ihren Exmann bis heute so wenig vermisst wie das großmütig in der Vorort-Villa zurückgelassene Tafelsilber. Sie zog mit ihrer neuen Liebe in eine Zweizimmer-Wohnung und lebte zwei Jahre ihre Leidenschaft aus. Als sich der Überschwang legte und die Beziehung in ruhigere Gewässer steuerte, merkte sie, dass ihr zum Alltagsglück doch etwas Entscheidendes fehlte: Nicht der Zweitwagen und nicht die Mitgliedschaft im Golfclub. Sondern der Garten rund um die Vorort-Villa, den sie eigenhändig angelegt hatte. Wie hoch wohl die Buchshecke mittlerweile war? Hatte die Sternmagnolie den letzten Wintersturm überstanden? Ob jetzt wohl gerade die *Rose de Resht* blühte? Zum Geburtstag wünschte sich Marion eine Gartenreise. Auf der sie zu ihrer Verblüffung feststellte, dass ein Drittel der Teilnehmer Gärtner ohne Land waren. Enteignete Enthusiasten, die aus gesundheitlichen, beruflichen, finanziellen Gründen nicht mehr selber säen und ernten, schnipseln und jäten können – aber noch sehr wohl fachsimpeln! Einmal Gärtner, immer Gärtner …

»Das wird ein Tomatenjahr«, sagt Leo anerkennend beim Rundgang durch meinen Garten, »und die Trauben haben auch gut angesetzt!« Ich betrachte ihn erstaunt. Leo malt und lebt im Städte-Dickicht von Frankfurt in einem Loft und hat nicht mal eine Zimmerpflanze, so was findet er enorm spießig. »Wie wunderbar dein Wiesenknopf blüht«, sagt er dann noch. Und schiebt endlich die Erklärung nach, dass sein Vater Landwirt war. Als Erstgeborener hätte er den Hof übernehmen sollen, scheute aber davor zurück wie der Teufel vorm Weihwasser. Der Hof ist längst verkauft; rentabel gemacht als Monokultur aus Mais und Getreide, plattgemacht Mutters Blumengarten mit den Kaiserkronen, Dahlien, Margeriten und Ringelblumen. Und im Lauf der Jahre entdeckte der Alt-68er Leo zu seiner eigenen Verblüffung ein unstillbares Heimweh nach einem verschwundenen Stückchen Erde.

»Du müsstest mal die Nematoden bekämpfen«, sagt Nathalie und ich bin verblüfft. Was weiß die Großstadtpflanze Nathalie, die als Investment-Bankerin zwischen Berlin und New York pendelt und das Hohe Lied der Hotelzimmer singt, von Pflanzenschädlingen? »Mmh, Rheinische Renette«, schwärmt sie nach dem ersten Biss in den Apfel. Und dann setzt sie sich an den Küchentisch und knipst und fädelt die grünen Bohnen mit der Hand, ohne Messer, in einem atemberaubenden Tempo.

Gelernt ist gelernt. In ihrer Kindheit hatten die Eltern (jetzt im Seniorenstift) einen großen Garten, von dem sie mit leuchtenden Augen zu erzählen beginnt. Auch wenn sie sich damals fragte, wie man seine besten Jahre mit einem derart faden Hobby vergeuden könne, anstatt wie andere Eltern Neckermann-Reisen zu machen oder sich ein Segelboot zuzulegen.

Gewesene Gärtner erinnern mich an die ausgebombten und vertriebenen Großonkel und Großtanten meiner Jugend: In ihrem Kopf wurde das Verlorene von Jahr zu Jahr größer, prächtiger und fehlerfreier.

Gewesene Gärtner sind Vertriebene aus einem privaten Paradies. Vergessen das Kartoffelkäfer absammeln, Kompost umsetzen, Karotten pikieren, Stachelbeeren pflücken – grässlich für einen Teenie, der sich für die Gartenarbeit demonstrativ Goldleder-Sandalen und Bikini anzog, um wenigstens braun zu werden während der Bagno-

Arbeit, und sich hinterher beschwerte über Ameisenbisse und Brennnessel-Pusteln. Geblieben ist eine Liebe ohne Bitterkeit.

Und so wie die in Bombennächten verbrannte Briefmarkensammung oder Bibliothek wird der Garten der Kindheit jedes Jahr ein bisschen größer und üppiger. Nie bleibt der Mehltau in Erinnerung, nur das Rekordjahr der Kirschen. Nie ist von Spätfrösten die Rede, nur von den wunderbaren Weinbergpfirsichen in der Ex-DDR, von Opa aus einem Kern gezogen …

PS: Bekomme gerade eine mail von Marion. Sie überlegt, sich zusammen mit Nathalie einen Kleingarten zu pachten.

JULI

Nelken

Jahrzehntelang konnte ich sie nicht leiden. Nelken, nein danke. Das waren diese Blumen in Unterwäsche-Farbe, garniert mit Spargelkraut, die in Autobahnraststätten auf dem Resopaltisch wuchsen. Die der picklige Tanzstundenherr zum

Abtanzball im Knopfloch trug. Die Erich Honecker penetrant in die Kameras schwenkte. Wie unoriginell und dumm mein Nelken-Vorurteil war, habe ich erst begriffen, als ich sie mal probeweise in meinen Garten ließ und mich von ihrem pflegeleichten Charme und pfeffrigem Duft bis heute verführen ließ.

Als ich mich mit der Biographie meiner neuen Untermieter beschäftigte, fiel mir auf: Kaum einer Blume wurde im Lauf der Jahrhunderte abwechselnd so viel heiße Liebe und so viel abgrundtiefe Verachtung entgegengebracht wie der Nelke. Das mag an ihrer politischen Vergangenheit liegen.

Während der französischen Revolution war die rote Nelke das Emblem der Royalisten und Aristokraten. Mit Haltung trugen sie sie beim Gang zum Schaffott. Hundert Jahre später wechselte die rote Nelke die Seiten; 1890 wurde sie zur Wappenblume der Arbeiterbewegung. Weil ihnen das Schwenken roter Fahnen verboten war, steckten sich die Kommunisten und Sozialisten eben rote Nelken an. Bis heute sind die Gräber von Rosa Luxemburg und Karl Liebknecht damit geschmückt. Und 1974 ging der fast unblutige Putsch der Portugiesen gegen den Diktator Caetano als Nelkenrevolution in die Geschichte ein, weil die begeisterte Bevölkerung den aufständischen Soldaten rote Nelken in die Gewehrläufe steckte.

»Guten Abend, gute Nacht, mit Rosen bedacht, mit Näglein besteckt … schlupf unter die Deck.« Als ich ein kleines Kind war, sang mir mein Opa jeden Abend das berühmte Schlaflied vor. Und da er nicht nur gut singen konnte, sondern auch ein leidenschaftlicher Gärtner war, erklärte er mir, dass die Näglein ein altes deutsches Wort für Nelken seien. Weil in ihrem betörender Duft immer ein kräftiger Hauch von Gewürznelken mitschwingt. Mit denen sie allerdings nicht verwandt sind, denn die stammen von einem Strauch in den Tropen, dort wo auch der Pfeffer wächst. Außerdem erinnert die Knospe mancher Nelkensorten an die Form der Gewürznelken, die ja tatsächlich wie braune Nägelein aussehen.

Der botanische Name *Dianthus* kommt aus dem Griechischen und bedeutet Götterblume. Nelken-Liebhaber Goethe widmete dem *Blümlein Wunderschön* mehrere Gedichte, und die Queen lässt den königlichen Esstisch bevorzugt mit gelben oder rosa Nelken schmücken. Engländer sprechen von ihren heißgeliebten Gartennelken (gute Gärtnereien haben dort 200 Sorten im Angebot) als »pinks«. Abgeleitet vom Wort pinking shears, weil viele Nelken aussehen wie mit der Zackenschere frisiert … erst die Blume wiederum prägte die Farbbezeichnung Pink für das kräftige Rosa.

Nach den Jahren der Schmähung als Spießer-Blume wird die Nelke heute beinahe wieder so gemocht wie vor 200 Jahren, dem Zeitalter der »Nelkisten«. Wenige Blumen haben ein so langes Vasen-Leben wie die Nelke. So preziös und parfümiert sie daherkommt, so einfach ist sie zu ziehen. Kompost mit Sand genügt, man braucht nicht einmal einen Garten dazu. Blumentopf oder Balkonkasten tun es auch, weswegen die einst kostbare Treibhausblume für die oberen Stände um 1800 mit Macht die Zuneigung des Bürgertums erobern konnte und selbst in Arbeitersiedlungen gehätschelt wurde. Der Berliner Pfarrer Dressel besaß Ende des 18. Jahrhunderts 500 Sorten in 900 Töpfen und konnte sein Know-how aus über hundert Nelkenfachbüchern beziehen. Kommt hinzu, dass Nelken sich von Natur aus sehr willig kreuzen lassen, was die Kreation immer neuer Sorten möglich macht.

Gegenwärtig sind grüne Nelken Trendsetters Liebling.

(Überhaupt hat Grünblühendes von der Anthurie über Fuchsschwanz und Muschelblume bis zu Chrysanthemen und Christrosen neuerdings Hochkonjunktur, wie die Bayerische Gartenakademie verwundert feststellte.) Die grünen Nelken freilich sind kein letzter Schrei, sondern haben Tradition. Der berühmte irische Dandy und Dichter Oscar Wilde trug sie am St. Patrick's Day im Knopfloch; daraufhin avancierte die grüne Nelke Anfang des 20. Jahrhunderts zum diskreten Abzeichen der Homosexuellen.

Meine Freunde, die Guerilla-Gärtner

Wer mit offenen Augen durch sein Viertel schlendert oder durch die Gegend fährt, kann neuerdings ein blaues Wunder erleben: Da blüht doch tatsächlich ein Kornblumenfeld auf dem Mittelstreifen der Schnellstraße und Glockenblumen nicken aus dem verhungerten Streifen Erde zwischen Waschbeton-Behördenbau und Asphalt, der bisher immer nur als Hundeklo diente. Und unter dem dahinsiechenden Straßenbaum am Eck leuchtet es plötzlich rotgolden.

Gartenflüchter oder fleißige Vögel? Nein, Mutter Natur kann's nicht gewesen sein, die verteilt keine Stiefmütterchen oder Dahlien auf Baumscheiben, sondern eher Löwenzahn und Hirtentäschel.

Es ist naiv zu glauben, Vater Staat habe in die Tasche gegriffen, um den öden Nabel des Kreisverkehrs an der Ausfallstraße mit einer Woge aus Akelei und Vergissmeinnicht zu überziehen.

Man darf auch getrost annehmen, dass es nicht die lichtscheuen Besitzer von Aldi und Lidl waren, die plötzlich den grünen Daumen reckten, wenn die struppige Böschung neben dem Supermarkt-Parkplatz eines schönen Morgens von Bierdosen und Kippen gereinigt ist und sich stattdessen als propere kleine Tomatenplantage präsentiert.

All die kleinen Blühwunder im Niemandsland vor unserer Haustür verdanken wir den Aktivisten des Guerilla-Gardening. Diese Graswurzel-Bewegung im wahrsten Wortsinn stammt ursprünglich aus New York, vorgelebt und getauft von der Künstlerin Liz Christy im Jahr 1973. Inwischen hat sie auf der ganzen Welt Anhänger, vor allem im Dickicht der Städte, wo der Waschbeton sprießt und die Tristesse; deutsche Hochburg der listigen Samenspender ist Berlin.

Die alternativen Gartenzwerge gehen vor wie die Heinzelmännchen von Köln: Sie kamen bei

Nacht, eh man's gedacht ... und rupften und zupften ... und putzten und schabten ... und eh ein Faulpelz noch erwacht, war ein neues Blumenbeet bereits gemacht. Sie sind vernetzt im Internet, wo zum Beispiel Wilm aus Münster Mittäter sucht für sein Projekt, vor Bankgebäuden massenhaft Knoblauch zu pflanzen, weil das gut ist gegen Beelzebuben aller Art. Wo im Mai 2010 der erste International Guerrilla Gardening Day ausgerufen wurde, an dem sich weltweit 6000 Trupps aus Hobby-Maulwürfen und Samenbomben-Bastlern aufmachten, um lieblosen Grund und Boden fremder Leute und Behörden in Sonnenblumenfelder zu verwandeln. Die Saat ging, ebenfalls im Internet dokumentiert, an den verblüffendsten Orten strahlend auf.

Die Guerilla-Gärtnerei ist in mehrfacher Hinsicht eine feine Sache, denke ich manchmal neidisch. Wenn mir mal wieder das Unkraut über den Kopf wächst, die Stachelbeer-Pflückerei zum Hals raushängt und meine liebsten Pflanzenkinder wegen Wassermangel den Kopf hängen lassen und mir anklagend ihre schneckenversehrten Blätter entgegenstrecken. Ein eigener Garten ist, besonders im Hochsommer, eine nie versiegende Quelle schlechten Gewissens. Irgendwas hat man immer vergessen oder verschlampt. Hier nicht rechtzeitig gegossen, gemulcht, gedüngt, pikiert, dort nicht richtig aufgebunden, beschnitten und Samenstände entfernt. Ein Guerilla-Garten dagegen kommt mir vor wie ein Patenkind, dem man ab und an gern ein nettes Geschenk macht, aber ansonsten braucht man sich um seine Krankheiten, Launen und Entwicklung nicht übertrieben zu kümmern. Man muss keinen Pflegedienst einrichten, falls man im Sommer in Urlaub fährt – schließlich hat die urbar gemachte Brache ja noch andere Bewährungshelfer.

Während es, wie jede Gartenfrau weiß, äußerst schwierig ist, selbst beste Freunde, eigene Kinder, Ehemänner oder Liebhaber zum richtigen Zeitpunkt an Harke, Spaten oder Gießkanne zu bewegen, werkeln die Guerilla-Gärtner mit Freuden im Team. Das muss am Parfum des Heimlichen und eigentlich Illegalen der Nacht-und-Nebel-Aktionen liegen. Mir ist klar, dass ich es falsch angefangen habe, unentgeltliche Co-Gärtner zu gewinnen: Mein Geschwärme von den körperlichen Wohltaten der Gartenarbeit (ersetzt das Fitness-Studio) und den gesundheitlichen Bonuspunkten selbst gezogener Radieschen und Karotten führten immer nur zu müdem Abwinken oder Vertröstungen auf nächste Woche. Habe mir jetzt überlegt, wie ich es anstellen könnte, meinem Garten jenen verlockenden Hauch der verbotenen Früchte zu geben. Demnächst verschicke ich auch verschwörerische mails und lade zur grünen Rave-Party um Mitternacht. Schaufeln und Rechen werden gestellt, Stirnlampen zum Schneckenabsammeln sind mitzubringen.

Mehr lesen: Richard Reynolds: *Guerilla Gardening: Ein botanisches Manifest*, Verlag Orange Press. Im Netz: www.guerillagaertner.com (gute Tipps von Saatbomben bis Moosgraffiti) und www.guerrillagardening.org (der englischsprachige Blog von Richard Reynolds ist das Zentralorgan aller Wildpflanzer).

Wasser! Wasser!

Mein erster eigener Garten maß 200 mal 300. Leider in Zentimeter statt in Meter. Es handelte sich um einen Nordbalkon in guter Lage, erster Stock. Mit Kugelbuchs, Hortensien, bisschen Bambus und anderen Hart-im-Nehmen-Gewächsen in Töpfen gelang es, eine gewisse Lauschigkeit am

Rande einer hauptstädtischen Straße zu schaffen; garniert mit Windlichtern gab es dort wunderbare Abende bei Bowle auf rasengrün gestrichenem Beton. Die zum Aufenthalt in der Sommerfrische herausgeschleppten Yucca-Palmen aus dem Schlafzimmer und die Geranien, die winters ein tristes Dasein im Fahrradkeller fristeten, machten die Illusion eines Gartens fast perfekt. Aber etwas fehlte. Wasser! Wasser!!!

Mit meinem Sternzeichen hat es nichts zu tun – ich bin weder Fisch noch Wassermann. Aber ich bin aufgewachsen an einem Flusskai und konnte schwimmen, bevor ich lesen lernte. *Der Römische Brunnen* von Conrad Ferdinand Meyer war das erste Gedicht, das ich freiwillig auswendig lernte. Und bis heute habe ich eine Schwäche für literarische Wasserratten wie Lord Byron und Paul Morand, T.C. Boyle und John van Düffel und die Zeitschrift *mare*.

Der bescheidene Anfang war ein Vogelbad. Da gibt es diese gusseisernen Muschelschalen nach historischem Vorbild mit Putte oder nippender Taube, made in Poland. Tatsächlich ist es den Spatzen und Amseln egal, ob sie in einer Antiquität baden oder in Kitsch. Genau wie unseren Kindern, denen wir als geschmäcklerische Menschen allerdings kein aufblasbares Mini-Planschbecken zur Verfügung stellten, sondern so eine alte Zink-Waschwanne. Nun wurde es allmählich eng auf unserem Balkon:

Auf dem Hamburger Fischmarkt verkaufte ein Schlaumeier statt Matjes durchgesägte Heringsfässer. Spottbillig. Garniert mit gutem Rat: mit Leinöl bestreichen, die Fassreifen hübsch haltbar machen mit schwarzem Rostumwandler, eine Seerose hinein und fertig ist Monets Garten für Arme.

Wahrscheinlich hörte ich gerade Schuberts *Forellenquintett* oder Händels *Wassermusik* und war aus mütterlicher Rührung machtlos, als mein kleines Mädchen mit einem Plastikbeutel ankam, in dem sich ein Gewusel von Mini-Goldfischen befand. Hatte das Kind von seinem Mini-Taschengeld gekauft. Bücher gewälzt und herausgefunden, dass es theoretisch möglich ist, Goldfische in einem halbierten Heringsfass zu halten. Hatte gleich ein ungutes Gefühl, dass diese Viecher anfangs durch Überfütterung, später durch Vernachlässigung Probleme kriegen würden.

Ich konnte dieses differenzierte Sterben durch

die eigene und herbeigeschlichene Katzen so wenig mit ansehen, wie die oben schwimmenden weißen Bäuche durch einen gezielten Hack von Elstern oder Eichelhähern. Befahl also dem Kind, die Überlebenden stracks in die Zoohandlung zurückzubringen

Die nächste ungeplante Anschaffung war dieser kleine Schweinetrog aus rosigem Sandstein. Er kam aus der Erde, einfach so, als sich meine Eltern eine Garage bauen ließen. Er musste mit. Im offenstehenden Kofferraum mit übergeschnallten Gummibändern von Bayern nach Hamburg umziehen. Die japanischen Sumpfiris mit ihrem unvergleichlichen Blau fühlen sich sehr wohl darin.

Wenn Wasser nicht stinken soll oder zur Stechmückenplage mutieren, ist Technik gefragt. In vielen Männern, egal welcher Profession, steckt ja ein verhinderter kleiner Ingenieur. Die meisten Männer lieben Pumpen. Wenn die Feuerwehr in unserer Straße einen abgesoffenen Keller leert, stehen die Männer so fasziniert drum herum wie Frauen um die Demonstration des neuesten Long-Lash-Mascara in der Kosmetikabteilung von Karstadt.

Ja, aber hatten wir nicht immer einen Zimmerspringbrunnen als das Hinterletzte an Spießigkeit betrachtet? Was schert mich mein Geschwätz von gestern, hat schon Adenauer gesagt. Und außerdem ist ein Balkon ja was anderes als ein Wohnzimmer, oder?

Jetzt musste so eine kleine Glucker-Pumpe her, das Geräusch empfand ich süßer als Mozarts *Kleine Nachtmusik*. Die Nachbarn leider nicht. Sie beschwerten sich darüber, dass das sanft rieselnde Geräusch sie im Schlaf störe und ungebührlich oft auf die Toilette triebe. Wir haben uns dann auf eine Zeitschaltuhr geeinigt: kein animierendes Plätschern mehr ab 22 Uhr.

AUGUST

Wicken

Kein Dichter hat ihnen eine Ode gewidmet, kein Alter Holländer hat sie in Öl verewigt. Kein Parfümeur hat sich die Mühe gemacht, den unvergleichlichen Duft auf Flaschen zu ziehen. Es gibt auf dem boomenden deutschen Gartenbuchmarkt noch nicht einmal ein Buch über sie. Nur die Pennäler-Zote: »Schenkt er Rosen, will er kosen; schenkt er Wicken, will er …«

Diese stiefmütterliche Behandlung ist mir ein Rätsel. Wicken standen bei mir traditionell auf dem Geburtstagstisch, woraus Sie schließen dürfen, dass ich im August geboren bin und zwar zu einer Zeit, da Kindergeburtstage noch nicht als Event bei McDonalds gefeiert wurden, sondern mit Kaltem Hund und Topfschlagen.

Im August, wenn sich viele Prunkstauden längst verabschiedet haben, wenn die Rosen schon eingepackt haben und die Hundstage den Rasen grau färben, dann sind die Wicken mit ihren Seidenpapier-Blüten wie ein zweiter Frühling für den Garten.

Was ich an den Wicken so liebe: ihre wunderbaren Farbtöne. Man möchte sich am liebsten lauter Sommerkleider nähen in diesem rosig überhauchten Weiß, dem eleganten Lavendelblau, dem satten Kardinalspurpur. Wicken blühen in allen Farben außer gelb, worauf ich im Garten wie im Kleiderschrank sowieso gern verzichte. Und sie sind trotz ihrer fragilen Eleganz mitnichten so zickig wie Clematis, bei denen ich manchmal den Eindruck habe, es genügt ein falsches Wort, ein falscher Guss, und schon kriegen sie beleidigt die gefürchtete Welke.

Der Name Duftwicke ist ein Missverständnis: Wicken bezeichnen Pflanzen der Gattung *Vicia* und sind zum Teil hundsgemeine Unkräuter wie die haarige Wicke, der Fluch des ökologischen Landbaus. Auch die köstlichen Puff- oder Saubohnen heißen botanisch *Vicia*. Unsere lieblichen Gartenwicken dagegen sind sichtlich mit Erbsen verwandt und heißen richtig »Wohlriechende Platterbse« oder *Lathyrus odoratus*. Sie sind einjährig, müssen jedes Jahr neu ausgesät werden – was sie manchmal auch von selber tun. Daneben gibt es noch die breitblättrige Platterbse (*Lathyrus latifolius*), die alle Jahre wiederkommt, und zwar mit Macht. Allerdings fehlt ihr das Wesentliche: der Duft, den die große englische Gartenschriftstellerein Anna Pavord so treffend »die vierte Dimension im Garten« nannte. Obendrein kommt die Staudenwicke unnuanciert in kräftigem Pink daher, seltener auch mal in Weiß; das war's aber schon.

Duftwicken wachsen wild auf Sizilien. Der Botaniker und Franziskanermönch Franciscus Cupani schickte um 1700 erstmals Samen dieser lieblichen, nach Vanille duftenden Kletterpflanze aus dem Klostergarten von Palermo nach England. Diese betördend parfümierte Wicke mit den kleinen zweifarbigen Blüten in purpur und lila ist heute noch als Sorte »Cupani« im Handel.

In England machten die »sweet peas« bald Furore. Wicken waren eine Modeblume der viktorianischen Ära; der berühmte Londoner Blumenmarkt am Covent Garden verkaufte sie wie geschnitten Brot. Großen Anteil daran hatte der Gärtner Eckford aus Wem, der sich Ende des 19. Jahrhunderts der Wickenzucht verschrieben hatte und immer neue Farbspiele und immer größere Blüten zu zaubern wusste. Die traditionelle Wicken-Schau in Wem (Ende Juli) erinnert an ihn und ist alle Jahre wieder ein Pilgerziel der gartennärrischen Engländer. Die gründeten auch 1900 die bis heute bestehende »National Sweet Pea Society« zwecks Erfahrungs- und Samenaustausch. Und die Tageszeitung *Daily Mirror* veranstaltete 1911 einen Schönheitswettbewerb, dotiert mit tausend Pfund für den besten Wickenstrauß. Es gewann: ein schottischer Minister nebst Gattin. Heute verkauft ein guter englischer Samenhändler 30 Millionen der »Süßen Erbsen« im Jahr!

Wenn man ein paar Tipps beherzigt, blühen Wicken von Juni bis September ununterbrochen.

Diese Tricks sind kinderleicht: Erstens sollte man die jungen Triebe der rankenden Wicken bei einer Höhe von 20 Zentimetern abknipsen, damit sich die Pflanze verzweigt. Zweitens unbedingt hemmungslos Blüten für die Vase schneiden (in der nur drei Zentimeter Wasser sein sollen!), denn sowie die Platterbse Samenschoten bildet, wird sie blühfaul und denkt, sie habe ihr Fortpflanzungswerk getan. Drittens regelmäßig gießen und düngen, im Garten am besten durch Anhäufeln mit Kompost, was oft für Extratriebe aus der Wurzel sorgt. Es wird meist empfohlen, Wicken im Frühjahr zu säen, aber ich mache es wie die Engländer und lege die Körnchen schon Anfang Oktober. Anna Pavord sät übrigens in die Pappen von Klopapierrollen, die sie im Freien unter Glas stellt (zusammen mit Mäusefallen, weil Wickensaat eine Leibspeise der Nagetiere ist) und im Frühling am Rankgitter eingräbt. Für Blumentopf-Gärtner gibt es übrigens auch nicht rankende Duftwicken, die nur 50 Zentimeter hoch werden – eine Lösung für windige Balkonkästen.

Wer heute im Gartencenter ein wohlfeiles Tütchen Duftwicken ersteht, bekommt meist die Sorte Spencer-Mischung. Der Name kommt Ihnen bekannt vor? Richtig, es war nämlich der Obergärtner Silas Cole auf Althorps Hall, dem Stammsitz der Spencers, der sie 1900 züchtete und einer Vorfahrin von Lady Di widmete …

Modeblumen & Blumenmode

Seltsamerweise denken die meisten Menschen, die Blumen im Garten, auf Balkon & Fensterbrett oder auch bloß in Vasen-Arrangements kultivieren, sie folgten ihrem eigenen Geschmack. Das ist ein gewaltiger Irrtum.

Abgesehen von Rocklängen, Esskultur (Sushi statt Schaschlik) oder Automarken (Saab statt Opel) unterwerfen wir uns kaum einem Lifestyle-Diktat so willig wie dem der Modepflanzen. Wer will sich heute noch mit einem Philodendron oder Gummibaum, einem *Benjaminus Ficus* in Hydrokultur oder ähnlichen Behörden-Pflanzen in seiner Wohnung ertappen lassen? Alpenveilchen und Pantoffelblumen gelten als Igitt-Rentnerpflanzen. So was trägt man derzeit nicht zwischen Alessi und Philippe Starck. Da entdecken wir doch lieber die weißen Orchideen neu oder sogar die Sansiverie, wegen ihrer spitzigen Blätter bis gestern noch als »Schwiegermutters Zunge« geschmäht, weil Stylisten und Fotografen uns die strenge Schönheit grafischer Gewächse neuerdings ans Herz legen.

Die Geschichte der Hörigkeit für Pflanzenmoden ist freilich viel älter als die Fotografie. Zu Beginn des 17. Jahrhunderts wurden erst die Niederlande, dann auch die Anrainerstaaten gebeutelt durch eine Seuche namens Tulpomania. Spekulanten, aber auch brave Bürger versetzten Haus und Hof für eine Handvoll Tulpenzwiebeln aus der Türkei. Nun ist die Tulpe eigentlich kein großartiges botanisches Geschöpf: riecht nicht, blüht nicht besonders lange und ist obendrein recht kurzlebig oder degeneriert sehr schnell. Aber sie war halt damals selten und nur was rar ist, ist begehrt. Sämtliche holländischen Blumenmaler fielen auf die vordergründig Schöne herein. Soziologisch orientierte Kunstgeschichtler meinen, dass mit der sogenannten Rembrandt-Tulpe allerdings vor allem die Handelsvormacht der damals bärenstarken Niederlande gefeiert wurde. Was wiederum dazu führte, dass jeder sie haben wollte. Die großen Manufakturen kreiierten spezielle Tulpenvasen zum Display der Modeblume. Aber kaum hatten die Holländer gelernt, sie massenhaft zu vermehren und dementsprechend preiswert anzubieten, erlosch ihr Kult-Status.

Es waren nicht immer merkantile Gründe und Auftragsmalerei, die bestimmte Blumen in die Gunst der Gesellschaft katapultierten: Die Kunst tat es ebenso oft umsonst. Das deutsche Biedermeier verherrlichte in Wort und Bild die Kleinbürger-Idylle. Spitzweg hat das mit einem ironischen Pinselstrich gemalt, die meisten seiner Zeitgenossen aber ganz einfach nur romantisch. Die jungen Fräulein mit dem Schutenhut sind selten ohne ihr Henkelkörbchen zu sehen, aus dem etwas Blühendes lugt. Sie trugen offenbar auf Schritt und Tritt graziöse Buketts mit sich herum wie ein Schoßhündchen. Kleinbürger hatten kleine Blumen lieb: Veilchen, Maßliebchen, Maiglöckchen, Stiefmütterchen. Zierlich gebunden und mit einer Spitzenkrause aus Papier drum herum wurde das Biedermeier-Sträußchen zum Klassiker der Floristik.

»Bescheidenheit ist eine Zier, doch kommt man weiter ohne ihr«, wie die nicht immer geschmacks- und grammatiksicheren Profiteure der Gründerzeit schnell erkannten.

Der österreichische Gesellschaftsmaler Hans Makart (1840–1884) überzog halb Europa mit seinen Makart-Sträußen. Der sogenannte Malerfürst war auch für Festdekorationen der Belle Epoque gefragt: Wo er mit seinen gigantischen Staubfänger-Bouquets aus vergoldeten Palmblättern, verdursteten Disteln, Pfauenfedern, künstlichen Schmetterlingen und getrockneten Blumen so viel Ehre einheimste, dass daraus eine kleine Heimarbeit-Industrie erwuchs, deren Kunsthandwerk in den plüschigen Salons bis in die Zwanziger Jahre hinein gefragt war.

Weil jede Mode eine Gegenmode erzeugt, predigte in England und Schottland die Arts & Crafts-Bewegung und in Österreich und Deutschland der Jugendstil bald das Gegenteil: Weg mit dem steifen Zeug der Gründerzeit, hin zur Natur, zu fließenden Lianen und Seerosen. Die Seerose, eine nicht recht vasentaugliche Blüte, ein undomestiziertes Geschöpf, wurde gerade deshalb verherrlicht auf tausend Tapetenmustern, Stoffentwürfen, Gebrauchsgrafiken, auf Tafelsilber und als Nachttisch-Lampe.

Nicht nur die bildenden Künstler, auch die Schriftsteller erwiesen sich als botanisch meist ahnungslose Schöpfer von Blumentrends. Berühmtestes Beispiel dürfte der Roman *Die Kameliendame* von Alexandre Dumas (fils) sein, der erst als Theaterstück, dann als Verdi-Oper *La Traviata* Furore machte. Hintergrund der Kamelien-Sucht Mitte des 19. Jahrhunderts war der Brauch der Pariser Kokotten, ihr Dekolleté mit einer weißen Kamelie zu schmücken, wenn sie bereit waren für einen Abstecher ins Chambre separée. Und mit einer roten Kamelie, wenn ihr Biorhythmus dagegensprach. Dass das Dienstabzeichen der Kurtisanen zur Modeblume der Bourgeoisie wurde, hat mit Dumas einfühlsamer und revolutionärer Zeichnung der Halbwelt (Dumas erfand das Wort demi-monde) zu tun; Dumas und Verdi hatten quasi im Alleingang die Legende von der Hure mit dem goldenen Herzen begründet, deren Moral der verlogenen Society überlegen ist.

In den dreißiger Jahren des 20. Jahrhunderts machte eine andere erfundene Frau Blumengeschichte: Odile, die aus den Romanseiten von André Maurois' *Wandlungen der Liebe* gleich mehrfach auf die Leinwand kam. Die kapriziöse

Ehebrecherin reiste zu ihren amourösen Begegnungen mit leichtem Gepäck, aber drei Dinge hatte sie immer dabei: ein Spitzenkissen, einen in Rehleder gebundenen Band Shakespeare und ihre kleine Enghals-Vase, mit der sie selbst im schäbigsten Hotelzimmer ihre Duftnote setzte. Maurois' bittersüßer Roman ist heute vergriffen, die Leinwand-Adaptierungen verschollen, doch die Abertausende von Odiles Lilienvasen kursieren noch immer im Antiquitätenhandel und in Kopien, und ihre Liebe zur Einzelpflanze, speziell der weißen Lilie, hat seither ein für alle Mal die Symbolik von der einstigen Madonnenblume, die hauptsächlich in Pfarrgärten wuchs, zur Boudoir- und Designerpflanze überschritten.

Eine vergleichsweise handfeste Frau, nämlich die Aristokratin und Schriftstellerin Vita Sackville-West, hat der Welt anschließend gezeigt, was Sache in Garten und Vase ist. Ihre länglichen Episteln, teilweise in Versform, waren schon zu ihren Lebzeiten nicht nach jedermanns Geschmack. Da sie aber vom Garten-Bazillus ergriffen und mit ihrer reichen Familie zeitweise überkreuz war, schrieb sie jahrelang hinreißende, lebensnahe Kolumnen für Zeitungen aus und über ihren Garten

Sissinghurst, um dessen Bepflanzung und Unterhalt zu finanzieren. Vita Sackville-West erfand zum Beispiel im Alleingang den reinweißen Garten, der bis heute von Blankenese bis Baltimore kopiert wird.

Heute, im frischgebackenen 21. Jahrhundert, wird unser Blumengeschmack effektiver manipuliert denn je, ohne dass wir es unbedingt merken. Zwar malt kaum ein ernstzunehmender Künstler noch Blumenstillleben. Zwar gibt sich kein Schrifsteller mehr ab mit der Verherrlichung einer Modeblume, wenn wir mal absehen wollen vom Erfolgsfilm *American Beauty*, der nach einer Rosen-Neuzüchtung benannt ist.

Die Infiltration klappt trotzdem. Das hat mehrere Gründe. Zum einen ist der Beruf des Floristen zu früher ungeahnten Ehren aufgestiegen, so wie der Promi-Friseur. Vom mehr oder weniger ungelernten Hungerleiderberuf à la Eliza Doolittle als Veilchenverkäuferin im Musical *My Fair Lady* (oder dem redlich-spießigen Friedhofsgärtner, der jahrein, jahraus zu Allerheiligen viele Quadratmeter Heidekraut verkaufte und im Frühjahr zur Kommunion die obligaten Hortensien ...) wurde er zum Schickeria-Liebling. Den Protagonisten der Profession widmen seriöse Zeitschriften seitenlange Portraits. Und zur Ausstattung eines »Events«, wie Feste heute gern genannt werden, bekommt der Florist fürs Blumen-Catering oftmals genauso viel wie der Caterer, der die Gäste mit Essen und Trinken bedient. Das hat System und Sinn und kommt dem Zeitgeist entgegen: An Blumen kann man sich berauschen, ohne dick oder betrunken zu werden.

Aus Holland, wo das Geschäft mit Blumen mehr Prozent der Handelsbilanz ausmacht als in irgendeinem anderen Land der Erde, kommen regelmäßig die trend-letters. Allen voran BLOOM, kostet schlappe 135 Euro pro Exemplar und wird von Korea bis Finnland vertrieben. Es ist eine Lebensgefühl-Zeitschrift, die sich selber charakterisiert als »Das erste Trend-Magazin für Blumen und Pflanzen und was diese mit Mode, Inneneinrichtung und anderen Industrien zu tun haben«.

Gut gebrüllt, Li Edelkoort, Herausgeberin.

Frau Edelkoort ist nämlich hauptberuflich Trend-Guru und sagt allen möglichen Branchen, wo's demnächst langgeht. Man hat sie noch bei keinem Irrtum erwischt. Was auch daran liegen kann, dass sie einen fast päpstlichen Status in der Szene hat. Wenn sie orakelt: Es werden Vasen mit Pelz drum rum Mode werden, beeilen sich die Fabrikanten, solche herzustellen. Und irgendwer kauft das unpraktische Zeug dann auch. Massenhaft.

SEPTEMBER

Sonnenblumen

Als ich meinen ersten Gemüsegarten anlegte, verrieten mir nette Nachbarn, dass auf dem Terrain zuvor jemand jahrelang heftig mit Unkraut-Ex und Kunstdünger gewerkelt hatte. Und gaben mir den guten Tipp, mein künftiges Biogärtchen erstmal zu entgiften. Mit Sonnenblumen. Also streute ich im April einfach ein Kilo Vogelfutter aus. Und hatte im September ein golden wogendes Blumenfeld. Dass die bildschöne Bodensanierung kein Kleingärtner-Latein ist, sondern wissenschaftlich bewiesen, erfuhr ich erst später. Sonnenblumen werden nicht nur zur Margarine-Herstellung angebaut, sondern auch, um mit Blei oder Radioaktivität verseuchte Brachen zu revitalisieren. Es ist eins der vielen Talente dieser Pflanze, Gifte aus dem Boden zu ziehen.

Ich kann zwar nicht behaupten, dass Sonnenblumen meine Herzblättchen im Gartenreich sind, sie sind mir irgendwie zu athletisch; besonders wenn so ein gelber Kraftbolzen völlig unproportioniert in einem Vorgärtchen wächst, dem kleine Polsterstauden viel besser anstünden. Für viele Menschen jedoch ist die Sonnenblume das Symbol der Hoffnung und Lebensfreude schlechthin. Die berühmten Sonnenblumen-Bilder des lebenslang unglücklichen Malers van Gogh wurden weltweit bis zum Abwinken auf Postkarten, Postern, Kalendern reproduziert. Die Sonnenblume war die Wappenblume der Hippies, bevor sie zum Parteiabzeichen der Grünen aufstieg. Sie musste herhalten für Rommels Afrika-Feldzug, der unter dem

Decknamen »Unternehmen Sonnenblume« geführt wurde. Sie war die Lieblingsblume von Michael Jackson; sein Grab im kalifornischen Glendale ist auf Wunsch seiner Witwe rund ums Jahr mit (seidenen) Sonnenblumen bedeckt.

In mir wecken die goldenen Riesen nicht dieselbe Liebe wie etwa das erste Schneeglöckchen oder die letzte Rose des Jahres. Eher ließe sich mein Verhältnis zur Sonnenblume als ehrfürchtiges Staunen beschreiben. Respekt vor dem explosiven Wachstum, das aus einem im April gelegten Samenkorn bis zum September ein baumlanges Energiebündel voller Nährstoffe für Mensch und Tier hervorbringt. (Den Guinness-Rekord für die größte Sonnenblume hält derzeit ein Lufthansa-Steward: Hans-Peter Schiffer aus Kaarst päppelte 2009 eine Sonnenblume auf 8,03 Meter.)

Die Sonnenblume heißt botanisch *Helianthus*; der Name geht auf ein Gedicht von Ovid zurück, das von verschmähter Liebe handelt: Das Mädchen Clytia schmachtete den Sonnengott Helios (alias Apoll) an, der täglich mit seiner vierspännigen Kutsche über den Himmel sauste, begleitet von seinen Schwestern: vorweg Eos, die Göttin der Morgenröte, hinterdrein Silene, die Göttin des Mondes. Leider nahm Helios keine Notiz von

Clytia, die sich den lieben langen Tag den Kopf verdrehte nach dem Sonnengott, bis sie in eine Blume verwandelt wurde. Die genau das Gleiche tut: Morgens sind die Knospen der Sonnenblume nach Osten gerichtet, mittags nach Süden, abends nach Westen; in der Nacht drehen sich die Köpfchen wieder auf Osten. Voll erblüht, bleibt der Blütenteller, der bei Prachtexemplaren einen halben Meter Durchmesser hat, meist in dieser Himmelsrichtung stehen – weil der reifen Blume wie auch manchen Menschen im Lauf des Lebens die Gelenkigkeit abhanden kommt.

Der Schönheitsfehler dieser Geschichte von der Geburt der Sonnenblume liegt darin, dass es sie im alten Griechenland und Rom gar nicht gab. *Helianthus annuus*, die einjährige Sonnenblume, stammt aus Amerika, wo die Mexikaner sie schon 2500 vor Christus anbauten, und wurde erst Mitte des 16. Jahrhunderts von spanischen Konquistadoren nach Europa gebracht. Hier war sie jahrhundertelang hauptsächlich Zierblume; erst im 19. Jahrhundert entdeckte man sie als Ölquelle.

Ovid muss also eine andere Blume gemeint haben. Tatsächlich findet sich der sogenannte Heliotropismus, die tägliche Drehung zur Sonne, auch bei einigen anderen Pflanzen. Nur ist sie beim

Gänseblümchen zum Beispiel eben weniger spektakulär als bei der hohen Sonnenblume. An der sich noch viel raffiniertere »Wunder der Natur« studieren lassen. Schon mal einer voll erblühten Sonnenblume genau in den Blütenteller geguckt?

Die Samenkörner wachsen nicht einfach im Kreis, sondern in aparten Spiralen. Mathematiker sprechen mit leuchtenden Augen von der angewandten Fibonacci-Zahlenfolge bei der Anordnung der Sonnenblumenkerne. Diese Zahlenreihe wurde im 12. Jahrhundert von Leonardo da Pisa, genannt Fibonacci, zur Berechnung der Karnickel-Vermehrung ersonnen und ist bis heute Bestandteil vieler Intelligenztests. Warum hat die Natur ein so komplexes Gebilde in einer Futterpflanze geschaffen? Weil die Platzierung der Samen nach dem Goldenen Schnitt verhindert, dass sich die Körnchen gegenseitig zu sehr beschatten!

Das Männerparadies

Eins habe ich auf vielen Reisen gelernt: Hinter berühmten wie unbekannten Gartenparadiesen kann sowohl ein Mann als eine Frau stecken – anzusehen ist das der grünen Pracht nicht.

Neben den Solisten-Gärtnern gibt es auch jede Menge gärtnernde Paare. Meist handelt es sich jedoch um Tandem-Gärtner. Soll heißen, dass der eine die Richtung vorgibt und jedes Kräutlein beim dreiteiligen lateinischen Namen kennt, während der andere hinterherstrampelt und den Heckenschnitt auffegt oder den Kies harkt. Während der Garten-Genius vorweg für die anspruchsvolleren Planungs- und Pflanzaufgaben zuständig ist. Wirkliche Gärtner-Paare, die in Harmonie und Gleichberechtigung nebeneinander werkeln, sind die seltenste Spezies. Bei genauem Hinsehen kommt überdies heraus, dass diese Duos oft in Garten-Gütertrennung leben: Er kümmert sich um das Gemüse, sie um die Stauden oder umgekehrt. Sie hat das alleinige Sorgerecht für die Rosen, er für die Teichpflanzen oder umgekehrt.

Auch wenn die Geschlechtergrenzen also weitgehend verwischt sind im Garten – es gibt ihn doch, den berühmten kleinen Unterschied. Frauen und Männer tagträumen vielleicht gemeinsam von einem Gewächshaus, einem Wasserbecken, einer Skulptur im Garten, aber haben Sie schon mal von einer Frau gehört, die von einem Schuppen träumt?

Der Schuppen ist die letzte Bastion kerniger

Männlichkeit im Garten, wo tief verbuddelte Gemütsreste von Höhlenmensch und Pfadfinder, von Holzfäller und lonesome hero keimen können.

Wie bei jeder Immobilie zählen auch für den Schuppen vor allem drei Dinge: Lage, Lage, Lage. Nur dass es hier nicht um Aussicht, Himmelsrichtung oder Verkehrsanbindung geht. Sondern um Abgelegenheit. Außer Sicht- und Hörweite der Familienwohnung liegt das Männerparadies; gern im finstersten Winkel des Gartens. Denn der Mann baut hier Werkzeug an statt Blumen und sammelt Dübel statt Saat. In seiner Hütte macht er Ferien vom verordneten guten Geschmack der Räume, wo er Tisch und Bett teilt. Hier darf sich der verfleckte, aber urgemütliche und erinnerungsbehaftete Sessel aus seiner Studentenbude breitmachen, den er in letzter Minute dem Sperrmüll entreißen konnte. Wie überhaupt das Mobiliar fern von Design-Verdacht zu sein hat; schließlich dient es hauptsächlich zur Ablage kaputter Sägeblätter und abgebrochener Axt-Stiele. Wobei es natürlich auch den Ordnungsfex gibt, der seinen Schuppen aus gegenteiligen Gründen braucht: um Hammer, Zangen, Schraubenzieher so sauber und ordentlich wie ein Zahnarzt zu sortieren. (Was sabotiert wird in Schränken und Kellerräumen, wo sich Frauen und Kinder mal eben was ausleihen und dann, verfluchte Schlamperei, den Steinbohrer bei den Holzbohrern wieder aufhängen! Wenn überhaupt ...)

Der Schuppen dient nicht nur der Aufbewahrung, sondern auch der Zuflucht. »Ich muss unbedingt den Rasenmäher ölen«, ist ein eleganter Abgang für eine Siesta, während die Frau über der gemeinsamen Steuererklärung brütet. »Ich hole uns noch ein bisschen Kaminholz«, ist ein plausibler Grund, die Biege zu machen während einer länglichen Familienfeier, und den Krawattenknoten zu lockern und tief durchzuatmen in der Männerklause.

In der Dépendance dürfen Männer alles, was im Haupthaus Stirnrunzeln hervorruft oder Schlimmeres: löcherige Pullover tragen. Rauchen und volle Aschenbecher stehen lassen. Den Pirelli-Kalender aufhängen. Mit lehmigen Gummistiefeln herumschlurfen. *Auto Bild* lesen statt Adorno. Bier aus der Flasche trinken. Ölkännchen auf dem Tisch abstellen. Eselsohrige Stapel von Heimwerker-Prospekten und Sudoko-Heftchen horten. Modellautos aufstellen oder Holzfigürchen schnitzen wie Michel aus Lönneberga beim Schuppen-Arrest, was die Frau kindisch findet.

In der Schuppen-Quarantäne suchen und finden Männer außerdem das, was sie (im Gegensatz zu Frauen) auch scharenweise zu wortkargen Hobbies wie Angeln, Briefmarkensammeln, Schachspielen treibt: Mußestunden mit Mund halten. Ein Grund mehr, weswegen Damenbesuch grundsätzlich nicht gern gesehen wird.

Gestern fand ich eine Kneipen-Postkarte, die ich an den Schuppen meines Mannes genagelt habe. Erst stutzte er ob der Einmischung ins Sanktuarium. Dann strahlte er und fühlte sich verstanden wie seit Langem nicht mehr. An der Tür steht nämlich jetzt: »Bitte draußen bleiben ohne anzuklopfen!«

OKTOBER

Hymne an die Heide

Vor ziemlich genau hundert Jahren wurde die Lüneburger Heide entdeckt. Wie durch einen gewaltigen Paukenschlag aus ihrem Dornröschenschlaf gerissen, in dem sie viertausend Jahre gelegen hatte. Allein mit sich und ihren eigenbrötlerischen Bauern und Heidschnuckenherden und rosagewellten Blütenteppichen, für die niemand ein Auge hatte.

Die Heide mit ihren Hünengräbern und den Wacholderbüschen, die in der Dämmerung wie versteinerte Riesen aussehen, mit ihren uralten Sagen von Hexen und Spökenkiekern und mythischen Schlachten, wo so viel Blut floss, dass der Boden meilenweit nur noch rotblühendes Kraut hervorbrachte: das war eine Gegend, um die man einen Bogen machte. So dämonisch besetzt, dass ein Zweiglein Heidekraut das deutsche Knoblauch gegen Hexen und Schlangenbisse, Blitz und Hagel war; noch Pfarrer Kneipp empfahl es gegen Rheuma und Gicht.

Doch Anfang des 20. Jahrhunderts wurde die Landschaft mit dem üblen Leumund quasi über Nacht zur Touristenattraktion und zum Wallfahrtsort der Naturschwärmer. Diese rasante Wandlung im Auge des Betrachters – mit welchen Metamorphosen der deutschen Seele ist sie zu erklären?

Die Alpen und die Ostseeküste, der Rhein und die deutsche Mittelgebirgslandschaft wurden von jeher gepriesen und besungen. Die Lüneburger Heide dagegen sowohl in Dichtung wie Schulbüchern madig gemacht. »O schaurig war's in der

Heide!«, lässt Annette von Droste-Hülshoff ihr Gedicht *Der Knabe im Moor* enden. Bei Hebbel wird *Der Heideknabe* gar umgebracht von den üblen Gesellen, die in der »Heide, nebelnd, gespenstiglich« hausen. Und Goethe wählt die Heidelandschaft als Bild, um seinen jungen Selbstmörder Werther Todessehnsucht andeuten zu lassen: »Welch eine Welt! … Zu wandern über die Heide, umsaust vom Sturmwinde, der in dampfenden Nebeln die Geister der Väter, im dämmernden Lichte des Mondes dahinführt.«

Noch drastischer warnte die Reiseliteratur des 19. Jahrhunderts vor der Gegend. Als »Cul de l'Allemagne«, als Arsch von Deutschland, wurde die Lüneburger Heide geschmäht. Von »furchtbaren Wüsteneien« ist die Rede, von »Unkraut« mit ekelhaft harten Wurzeln und von verdrossenen, phlegmatischen Menschen in zerfetzten Kleidern. Aus deutschen Lesebüchern lernten die Schulkinder, die Lüneburger Heide sei »ein ödes, trauriges Land … alles leer, trocken, kalt, nichts als Sand, Heide, Moor … Man sieht hier nicht einmal, wie in Arabien Beduinen umherschweifen oder Pilger und Karawanen durch die Wüste ziehen.«

Bei dieser Negativ-Propaganda verwundert es nicht, dass sich bis 1903 im 40-Seelen-Dorf Wilsede alljährlich höchstens 300 schönheitsdurstige Sonderlinge zur sommerlichen Heideblüte einfanden. Nur drei Jahre später schlug eine gigantische Trendwende zu Buche: An einem einzigen August-Sonntag im Jahr 1906 wurden allein in Hamburg 14 000 Bahnfahrkarten Richtung Lüneburger Heide verkauft. »Die Heide kam in Mode. Es regnete Menschen, es hagelte Volk. Gesangvereine erfüllten die Luft mit Getöse« notierte der Heide-Apostel Hermann Löns unzufrieden.

Was war geschehen? Wer oder was hatte diese Lawine losgetreten, die bis heute anhält? (Mit acht Millionen Besuchern pro Jahr ist die Lüneburger Heide eins der meistbesuchten Naherholungsgebiete Deutschlands.)

Der Privatforstrat und Lehrer Jens Tönnießen aus der Lüneburger Heide ist der spannenden Frage in seinem Essay »Wie entwickelt sich ein ästhetisches Landschaftsbild?« humorvoll und kenntnisreich nachgegangen. Er liefert drei Erklärungen für das Phänomen, dass »Gegenden, die vorher als extrem hässlich beschrieben worden waren, zum neuen Schönheitsideal einer Landschaft« aufsteigen.

Erstens war der Hunger zu Beginn des 20. Jahrhunderts in Mitteleuropa endlich weitgehend besiegt. Das machte den Weg frei, auch in der unwirtlichen Natur nicht mehr nur einen hässlichen Widersacher zu sehen.

Zweitens war die Lüneburger Heide zu dieser Zeit nur noch ein Schatten ihrer selbst: Durch massive Aufforstungen und Verwandlung in Ackerland waren die blühenden Calluna- und Erikaflächen stark geschrumpft; sie waren vor der Gründung des Naturschutzparkes 1909 wesentlich kleiner als heute wieder. Und dadurch bewies sich der Wahrheitsgehalt des Sprichworts: Nur wer sich rar macht, ist begehrt. Die Seltenheit einer Landschaft weckt den touristischen Appetit, vom Aussterben bedrohte Fauna & Flora wird fast von heute auf morgen als »schön« empfunden, einfach weil die Gefahr des Nimmerwiedersehens den Blick schärft.

Der dritte Grund, warum man die zuvor abgewertete und dämonisierte Heide nun plötzlich durch die rosarote Brille sah, hat soziologische Ursachen.

Schon 1896 hatte sich der »Wandervogel« begründet mit der Zielsetzung, die Großstadtzivilisation zu überwinden und einem jugendlichen, naturnahen Lebensstil zu frönen; die Gruppe war wegbereitend für die deutsche Jugendbewegung, die um 1900 massiv einsetzte und in großer Bandbreite zwischen Retour-à-la-nature, Lagerfeuer-Romantik und nationalem Gedankentum oszillierte. Sie war die Antwort auf die technische Revolution, von deren Auswirkungen sich viele Menschen überrannt und überfahren fühlten. Es gehört zur Ironie der Geschichte, dass die Sehnsucht nach der guten alten Zeit damals nicht von Rentnern formuliert wurde, sondern von jungen Leuten. Sie fühlten sich als eine Art Aussteiger-Gesellschaft, meint Tönnießen, die unter anderem in der Heide Gebiete fand, in denen von der rasanten technischen Entwicklung kaum etwas zu spüren war.

Erst eine Dekade später, am Vorabend des Ersten Weltkriegs, hielt der Naturschutzgedanke, wie wir ihn heute kennen, Einzug in die Lüneburger Heide. Er kam aus unvermuteter Richtung, nämlich aus Amerika, wo schon 1874 der Yellowstone National Park als erste Landschaft der Welt unter Schutz gestellt worden war. Und der Verein Naturschutzpark (VNP) wurde nicht etwa von der Heide-Bevölkerung gegründet, sondern von aufgeklärten Münchner Industriellen. Die hatten als erste begriffen, was zu tun war, um die Lüneburger Heide vor dem Verschwinden zu retten.

Es galt zunächst, mit gewissen Vorurteilen aufzuräumen. Zum Beispiel dem Glauben, die Heide sei eine naturgegebene Landschaft Germaniens. Das ist doppelt falsch. Die Heide ist eine der ältesten europäischen Kulturlandschaften, die sich von Norwegen bis Portugal über elf Länder erstreckt. Kulturlandschaft heißt: Sie ist eben nicht von Natur aus da gewesen, sondern entstanden durch ein gelungenes Zusammenspiel von Pflanze, Tier und Mensch. Denn der Mensch ist im Biotop einer Heidelandschaft ausnahmsweise nicht als Störenfried aufgetreten – er hat es überhaupt erst ermöglicht.

In der norddeutschen Tiefebene etwa wuchs in grauer Vorzeit dichter Eichenwald. Der verschwand durch Menschenhand. Teils durch Abholzen, weil Bau- und Feuerholz gebraucht wurde. Allein die Lüneburger Saline verschlang in ihrem tausendjährigen Bestehen riesige Wälder fürs Sole-Kochen. Teils durch Brandroden zur Gewinnung von Ackerland, teils durch die Eichelmast: Frühere Bauern pflegten ihr Vieh einfach zum Sattfressen in den Wald zu treiben, wo besonders die Schweine mit ihrem gewaltigen Appetit die natürliche Versamung der Eichen unmöglich machte. Übrig blieb ein ausgepowerter

Boden, der Erosion preisgegeben. Schüchtern blühten hier und da die ersten Heidekräuter. Viel zu mager für den Ackerbau. Aber gut genug als Weidelandschaft genügsamer Tiere wie den Heidschnucken. Die fraßen im Sommer alle Gräslein und Baumschößlinge ratzekahl weg und lieferten den Zwergsträuchern Erika und Calluna somit ein sauber gejätetes, dezent gedüngtes Ausbreitungsgebiet. Nur im Winter, wenn es nichts anderes zu holen gab, knabberten sie ohne großen Appetit auch am immergrünen Heidekraut – was einem Rückschnitt zwecks Verjüngung gleichkam.

Die Rückschau auf die vermeintlich idyllischen Zeiten vor der Industrialisierung, als die Heide in ganz Europa wuchs und blühend gedieh, gebar auch das romantische und durchaus zutreffende Klischee vom autarken Bio-Heidebauern.

Auf der Heide grasten die Schafe; die gaben ihre Milch für den Käse und ihre Wolle für Kleidung und Bettzeug und zu guter Letzt ihr Fleisch für den Kochtopf. Es gab Blaubeeren, ebenfalls ein echtes Heidekraut, in Massen. Auf der Heide summten die Bienen so begeistert wie von kaum einer anderen Futterpflanze und lieferten neben dem Honig das Wachs, das einst viel wertvoller war als heute. Es war nicht nur für Altarkerzen begehrt (der kleine Bauer begnügte sich eher mit dem Talglicht), sondern auch zur Ausfütterung der Formen beim Metallgießen. Unentbehrlich zum Beispiel in Kanonenfabriken.

Das Heidekraut selber wurde als Winterfutter gesenst und zu Bürsten und Schrubbern verarbeitet, daher der Name Besenheide für die *Calluna vulgaris*. Ebenso gut ließ es sich zum Dachdecken verwenden, wenn kein Schilf oder Reet vorhanden war. Die abgestochenen Soden kamen auch als Brennmaterial in den Kamin und wurden im Winter dem Stallvieh untergelegt um – nach reichlicher natürlicher Düngung – im Frühjahr zur Bodenverbesserung aufs Feld ausgebracht zu werden. Ein fehlerfreier Kreislauf. Da die sandige Heide fast immer mit Mooren einhergeht, wo es z. B. der durstigen Glockenheide (*Erica tetralix*) gefällt, bot der heute verpönte Torfabbau eine zusätzliche Einnahmequelle. Das Heide-Nebenprodukt diente nicht nur als Dünger, sondern aufgrund seiner aseptischen Wirkung auch als Schnellverband für die Soldaten an der Front. Und wegen seiner Saugfähigkeit als Windelfüllung für Kleinkinder.

Für den kontinuierlichen Rückgang aller europäischen Heiden seit dem 18. Jahrhundert, als sie ihre größte Ausdehnung hatten, gibt es neben der stetig gewachsenen Bebauung gemeinsame Ursachen. Die Landwirtschaft hat sich eklatant verändert: Wo früher außer Heidekraut nichts wachsen wollte, lassen sich heute dank Kunstdünger und Know-how gewinnbringend Kartoffeln und Spargel anbauen. Der Kunstdünger wiederum – Biobauern wissen es zu beklagen – fliegt meilenweit und ruiniert zusammen mit Autoabgasen angrenzende Heidegebiete durch Stickstoff-Überfütterung.

Auch ist das Bauernleben nirgendwo mehr so frugal, dass man als strickender Schäfer über die Runden kommen und mit abgeplaggter Heide heizen und das Dach überm Kopf decken muss. Das Beweiden und Abschälen der Heidesoden führte zu einer permanenten Auszehrung des Bodens, was den durchweg magersüchtigen Heidekräutern gut bekam. Heute plaggen Freiwillige in der Lüneburger Heide jährlich etwa 40 Hektar ab, aber trotz Gratis-Anlieferung will kaum ein Bauer die Öko-Stallstreu haben.

Bei aller Liebe zur Lüneburger Heide – während der Blütezeit wird der 40-Einwohner-Ort Wilsede täglich von 10 000 Menschen heimgesucht – hat man in Deutschland doch ein gebrocheneres Verhältnis zu dieser Kultursteppe als etwa die Franzosen oder Schotten zu ihren Heidegebieten. Das liegt nicht nur an den vielen kitschigen Heimatfilmen wie *Drei Birken auf der Heide*, die dort gedreht wurden. Es liegt tiefer: Für viele Leute reimt sich »Im Wald und auf der Heide« immer noch ein bisschen auf »Kraft durch Freude«. So waren »Heide« und »Erika« unerhört beliebte Mädchennamen bis zur Entnazifizierungszeit. Fortan wurden sie abgelöst von Iris, Jasmin, Viola, Daphne … so viel zum kollektiven botanischen Unterbewusstsein.

Schuld daran hatte ein waschechter Westfale, gelernter Journalist, den es beruflich nach Hannover verschlagen hatte. Hermann Löns war sein Name; als Heide-Dichter ging er in die Literaturgeschichte und in die Heimatvereine ein. Er hat gute und miserable Literatur produziert und er war ein stimmgewaltiger Naturschützer, was oft unterschlagen wird. Denn er setzte braune Patina an. Diesen Missruhm hat er Hitler zu verdanken, der sich des schon 1914 bei Reims gefallenen Poeten für seine eigenen Blut-und-Boden-Zwecke ungeniert bediente.

Vom Diktator befreit, erlebte die Lüneburger Heide neue Herren, die den Naturschützern ein

Dorn im Auge waren: 4000 Hektar im Schutzgebiet wurden zwangsverpachtet an die britischen Besatzer. Die unterhielten dort Manövergebiete, an denen sie 363 Tage im Jahr übten, wie sie im Bedarfsfall mit ihren Panzern am schnellsten in die nah gelegene Russenzone kämen. Als die Engländer nach der Wiedervereinigung abzogen, erlebten die Naturschützer eine gewaltige Überraschung: Nirgendwo regenerierte sich die Heide urwüchsiger als auf den plattgewalzten, vermeintlich biologisch toten Truppenübungsplätzen. Seither pilgern Botaniker auf die ehemals roten Flächen im Schulatlas und protokollieren das Wunder. Seither wird auch wieder kontrolliert abgeflämmt. Es hat sich gezeigt, dass die überfürsorgliche Verhütung der Heidebrände, die früher in jedem heißen Sommer vorkamen, der Natur ins Handwerk pfuschte. Die Heide gehört zu den sogenannten Brandpflanzen, die nach Hitzestress besser keimen.

Klingt für Laien genauso paradox wie die Tatsache, dass in der Heide der Bock zum Gärtner gemacht wird: Wo nicht beweidet wird, geht die Heide unweigerlich zurück, weil sie der Konkurrenz der Samen anfliegender Bäume und Gräser (allen voran Kiefer und Pfeifengras) nicht gewachsen ist.

Also muss der Mensch wieder ran: Weil es nicht mehr genügend Heidschnucken gibt (obwohl Mäzene wie der hanseatische Großkaufmann Toepfer ganze Herden sponsern und der Verein Naturschutzpark die Besucher auffordert, für 100 Euro eine Patenschnucke zu erwerben), werden heute gutwillige Schulklassen, die Freiwillige Feuerwehr oder Öko-Workcamper eingesetzt, um die Heide zu entkusseln.

Gartengeräte de luxe

Wenn die Gartenfrau im Herbst aufatmend Schaufel und Hacke beiseitestellt, beginnt die lustvolle Form der Gärtnerei, die einem keine größeren Anstrengungen abverlangt als das Umblättern der Seiten in den neuen Frühlingskatalogen.

Die Planwirtschaft fürs nächste Jahr (sollte man mal lila Kartoffeln und grüne Reseda ausprobieren?) ist ein wohlfeiles Vergnügen, denn selbst exotische Saat ist verblüffend billig. Was man von den Gartenwerkzeugen nicht sagen kann. Jedenfalls nicht von solchen, die das Gärtnerherz höher schlagen lassen. Hier ist nicht die Rede vom Blechschäufelchen aus dem Baumarkt, sondern von der japanischen Buchsbaumschere, dem Schweizer Kopuliermesser, der englischen Kollinear-Ziehhacke. Im Manufactum-Katalog und in gepflegten Garten-Boutiquen wird unsere Begehrlichkeit geweckt mit dem handgeschmiedeten Spork (halb Spaten, halb Forke), schwedischen Bypass-Scheren und dem schimmernden Steigbügel-Jäter aus Aluminium.

Die Katalog-Prosa sorgt dafür, dass wir alle Jahre wieder unser besseres Wissen betäuben und ein Momentchen lang glauben, dieser fabelhafte dreizinkige Pfeilkopf-Kultivator oder der Cape-Cod-Jäter könnte endlich dauerhaft unser Schachtelhalm-Problem lösen. Das ist allerdings so wahrscheinlich wie die Erfindung des Perpetuum Mobile... Es ist vielmehr so, dass exklusives Werkzeug das neue Must-have ist, nachdem Deutschland seine Küchen und Bäder schon mit allen Schikanen entsprechend aufgerüstet hat.

Bisweilen kann man in Nachbars Garten mit klammheimlicher Genugtuung dasselbe feststellen wie in mancher Designer-Küche: Erstklassige Ausrüstung verhilft noch nicht zum Erfolg. Auch eine Felco-Schere mit Rollgriff, die standesgemäße Jekyll-Blumenkelle mit Birkenholzgriff, die luxuriöse Haws-Gießkanne (Modell unverändert seit 1886) und der Karbon-Spaten mit YD-Griff machen noch keinen grünen Daumen.

Es gibt Gärtner, die mit Aldi-Gerätschaften Blühwunder zustande bringen, und selber habe ich noch nie ein Pikierholz gefunden, das so gut zum Hantieren empfindlicher Würzelchen taugt wie eine Essgabel.

Aber hochwertiges Handwerkszeug ist wunderbar anzusehen und anzufassen. Für antike und skurrile Gartengeräte gibt es längst einen Sammlermarkt und ein Dutzend einschlägige Museen.

Das Interesse an den Werkzeugen der guten alten Zeit mit so hübschen Namen wie Herzschaufel und Spitzrückenschaufel, Wilderer-Spaten und Kaninchen-Spaten ist von Nostalgie geprägt, und das mit Recht. Wir müssen uns beeilen, damit unsere Kinder unseren Fischschwanz-Jäter in naher Zukunft nicht für einen Dosenöffner halten und den Grubber mit einem Schrubber verwechseln. Denn diese Zukunft hat bereits begonnen: Ziemlich bald sollen wir die Gartenarbeit nicht mehr im Schweiße unseres Angesichts mit musealen Gerätschaften machen, sondern per Knopfdruck am Computer und Roboter. Selbsttätig herumschnurrende Staubsauger, Schwimmbad-Putzer und Rasenmäher sind bereits im Handel. Und das war nur der Anfang.

Die in England entwickelten Roboter zur Ernte von Blumenkohl oder Erdbeeren, bei denen kein Gärtner mehr das Kreuz krumm machen muss, brauche ich nicht. Mein Ertrag ist aufgrund von Kohlweißlingen und Schnecken stets äußerst überschaubar.

Mehr interessiert mich da schon SlugBot, der Schneckenroboter, der ebenfalls an einer britischen Universität entwickelt wurde. SlugBot kriecht durch die Beete und ortet die bei Gärtern besonders verhassten Nacktschnecken, reißt sein mechanisches Maul auf und verschluckt sie. Ihre Leichname werden anschließend zu Biostrom verarbeitet.

An der Leibniz Universität in Hannover wird im wahrsten Sinn des Wortes mit Volldampf an einem computergesteuerten Unkrautjäter gearbeitet. Seinem Hirn wurden die Bilder der Gemüsepflanzen einprogrammiert; was nicht ins Schema passt, aktiviert eine kleine Laserkanone: Blitz, Dampf und tschüss. Der noch namenlose Jät-Roboter funktioniert prima – im Labor. Im echten Feldversuch hapert's noch: Da gerät das GPS im Maschinenhirn durch das Geruckel durcheinander und der Laser feuert auf die falsche Pflanze, nämlich auf die liebe Karotte statt auf die gemeine Ackerdistel. Kann ich gut verstehen. Mir brummt auch leicht der hochrote Kopf beim gebückten Unkrautjäten und ich hab dann schon mal den Hirtentäschel stehen lassen und den sprießenden Rucola ausgerissen …

Alles nur noch eine Frage der Zeit, versichern die Wissenschaftler, bis das Unkrautjäten per Fernbedienung erledigt wird, derweil sich die Gärtnerin die Fingernägel lackiert. Aber bevor bei mir die Zombies durch die Beete kriechen, leiste ich mir lieber einen Luxus-Sauzahn aus Hickoryholz mit gehärtetem Stahlkopf und freunde mich in Maßen mit Löwenzahn und Hahnenfuß an.

NOVEMBER

Kürbis-Mania

Der Kürbis ist ein Gewächs für den Rest kindlichen Gemüts im Gärtner: Es gibt keine Pflanze, die mich so fasziniert wie dieser schnelle Brüter. Zwei, drei Samenkörner im März in Töpfchen auf der Fensterbank gesteckt, recken ihre Keimblätter schon nach wenigen Tagen ins Licht und ich weiß, dass ihre rotgoldenen Kugeln im November mein Lebendgewicht auf die Waage bringen werden – und das ist noch mickrig, wenn man weiß, dass der Weltrekord für ein einziges Exemplar bei 700 Kilo liegt! Die jetzt geernteten Kürbisse warten übrigens monatelang artig und aromatisch auf ihren Weg in die Küche.

Häufig fürchten Gartenbesitzer, ihr Grundstück sei zu klein zum Kürbisanbau. Wieso eigentlich? Schließlich legt der Kürbis nach dem Auspflanzen im Mai erst richtig los, wenn vieles andere schon abgedankt hat. Und bedeckt die kahlen Beete der Frühkartoffeln oder der Narzissen und Tulpen mit einem grünen Teppich voll gelber Blütensterne, bevor sie im welken Garten schließlich erntereif leuchten wie riesige Lampions. Nicht unbedingt nach dem Geschmack von Gartenästheten, die's lieber ein bisschen kleiner und gedämpfter mögen. Für die ist der Moschus-Kürbis in seinen eleganten Graugrün-Tönen erste Wahl. Auch die birnenförmigen Butternut-Kürbisse in zartem Wachsgelb sind wie die ovalen Spaghetti-Kürbisse Augen- und Gaumenfreude zugleich.

Von der Kantine bis zum Luxusrestaurant herrscht derzeit die Kürbis-Mania. Aber Jahrhunderte lang wurde der pflegeleichte Kürbis in Deutschland der Arme-Leute-Küche zugerechnet, wie die Steckrübe, und entsprechend stiefmütterlich behandelt.

Die Deutschen legen das Kürbisfleisch süßsauer ein, die Franzosen verarbeiten es lieber als Marmelade.

Türken und Griechen knabbern am liebsten die Kerne. Aus denen die Österreicher das hochgeschätzte Kürbisöl gewinnen. Anhänger der Naturheilkunde schwören auf Kürbis bei Blasenbeschwerden, Bandwürmern und Prostata-Problemen. In Japan gilt er als Potenzmittel. Sicher ist, dass Kürbis extrem kalorienarm ist und leicht entwässernd wirkt – was ihn bei den Weight Watchers genauso beliebt macht wie bei Sterne-Köchen, die ihn wegen seines ambivalenten Aromas zwischen Gemüse und Frucht schätzen.

Unter den nicht essbaren Kürbissen gibt es die warzigen, knollennasigen grün-gelb gestreiften Zierkürbisse, die einfach nur dekorativ rumliegen – nicht so mein Fall; da nehme ich lieber Quitten wegen ihres unvergleichlichen Duftes. Für Kalebassen dagegen kann ich mich erwärmen. Einmal im Herbst besuchte ich den berühmten Gemüsegarten der Gräfin (und Gartenarchitektin) Alix de Saint Venant an der Loire und war bezaubert von ihrem Kürbis-Tunnel: Ein Laubengang, statt wie üblich mit Glyzinien oder Rosen bepflanzt, voller Kalebassen! Geniale Idee zur Nachahmung, wenn man's eilig hat bei der Gartenanlage – schließlich sind auch die Flaschenkürbisse einjährig. Die naturgewachsene Feldflasche trugen schon vor 1000 Jahren die Jakobspilger auf dem Weg nach Santiago de Compostela um den Hals. Und im ländlichen Afrika ersetzen sie bis heute die Tupperware. Außerdem kann man damit jugendliche Ethno-Musiker glücklich machen, die sich daraus Rasseln basteln, wie sie für lateinamerkanische Rhythmen gebraucht werden.

Auch die Kürbishülle der kulinarischen Sorten taugt nicht nur als Halloween-Fratze. Sie ist backofenfest und eignet sich als dekorative Wegwerfschüssel für allerlei köstliche Suppen (schon mal Kürbis mit Kokosmilch und Ingwer probiert?). Der ausgelöffelte Kürbis liefert auch einen imposanten wutroten Kopf für Vogelscheuchen oder Schneemänner. Oder wie wär's mit der kompostierbaren Stehlampe, deren Bauanleitung eine unbekannte Kürbisfreundin im Internet veröffentlichte? Man nehme einen gut gewachsenen Kürbis und einen Akku-Schrauber. Die Frucht (ja! als sogenannte Panzerbeere gehört das Schwergewicht eindeutig in die Obst- statt Gemüseabteilung) aushöhlen und anschließend mit dem größten

Bohreinsatz nach Lust und Laune Löcher in die Schale stanzen. Auf einen Besenstiel und einen Sonnenschirm-Ständer damit, Glühbirne oder Teelicht rein und fertig ist das Design-Objekt, in Form und Farbe passend zum Retro-Look der 70er Jahre. Die grassierende Kürbis-Leidenschaft schreckt eben vor nichts zurück. Hobby-Destillateure basteln sogar Likör aus den Riesen-Spielzeugen. In *Asterix bei den Briten* wird mit der orangefarbenen Kugel übers Feld gebolzt – die legendären Gallier gelten unter Comic-Fans deshalb als die wahren Erfinder des Rugby.

Bäume, die Eindruck schinden

Die meisten Gärten sind am 1. Advent so erschreckend wie der eigene Anblick mit Badekappe im unvorteilhaften Schwimmbadspiegel: Da zeigt sich, was ohne Locken und Make-up noch übrig ist von der Schönheit. Wenig. Wenn alle Blüten hinüber sind und die Äste kahl, gleichen Gärten einem Haus am Umzugstag: sämtliche Macken und falschen Pflanzungen treten so deutlich hervor wie die Schrammen und Flecken der verlassenen Wohnung ohne ablenkende Möbel und Bilder. Das war die pessimistische Betrachtung. Jetzt kommt der optimistische Blick nach vorn:

Der Spätherbst ist der allerbeste Moment, um sich statt vergänglichen Geblümels und der gakeligen Birke oder dem Allerwelts-Essigbaum mal »ein Stück fürs Leben« zu gönnen. Nämlich einen eleganten Baum, der viele Jahre Freude macht – und den nicht jeder hat.

Ein Schmuckstück auch für kleinere Gärten ist der Judasbaum (*Cercis siliquastrum*) mit seinen üppigen rosa-violetten Blütentrauben, die sich noch vor den Blättern entfalten und dessen anmutig verzweigte Wuchsform auch im Winter, nach einer spektakulären gold-roten Herbstfärbung, eine Augenfreude ist. Wegen seiner leicht exotischen Anmutung wird er oft als untauglich für den deutschen Winter betrachtet, dabei genügt ihm ein sonniges Plätzchen. In Dresden z. B. wachsen Judasbäume seit Jahrzehnten als Alleen mitten in der Stadt.

In Vergessenheit geraten wie manche alte Apfelsorte, ist ein zierlicher Baum mit Flair und interessanter Vergangenheit: der Maulbeerbaum. *Morus alba* wurde bis zum Ende des 19. Jahrhunderts in großem Stil gepflanzt als Kantine für die Seidenraupen, die sich ausschließlich von den

Blättern des weißen Maulbeerbaums ernährten, um den begehrten Luxusstoff zu spinnen – sogar in Preußen. *Morus nigra*, die schwarze Maulbeere, wurde von den krabbelnden Seidenproduzenten verschmäht, dafür schmeckten die dunkelroten Früchte frisch vom Baum den Gartenbesitzern. Kommerzielle Gründe besorgten der Maulbeere hierzulande den Garaus: Billigimporte aus Fernost machten die Seiden-Maulbeere unrentabel, und weil die roten Maulbeeren nicht lagerfähig und transporttauglich sind, verlor man die süßen brombeerähnlichen Früchte fast völlig aus dem Blickwinkel. In Bio-Läden und Feinschmecker-Boutiquen tauchen sie jetzt getrocknet oder tiefgefroren wieder auf.

Auch die gute alte deutsche Mispel (*Mespilus germanica*) kennt heute kaum ein Mensch, der fließend Mango, Papaya und Lychee dahersagen kann. Dabei lässt sich aus den Früchten – manchmal findet man sie als Flüchtlinge aus alten Gärten noch verwildert an Waldrädern – feine Marmelade machen. Die Mispeln entfalten ihr Aroma nach dem ersten Frost. Erst dann machen sie als »Mispelchen«, einem Modegetränk mit Calvados, selbst in gartenfernen Kreisen Furore. Die Mispeln haben einen romantisch knorrigen Wuchs;

eine willkommene Abwechslung zu den vielen militärisch strammstehenden Gehölzen aus der Baumschule.

Wer Platz genug für einen majestätischen Baum hat, denkt vielleicht an eine Kastanie. Warum nicht lieber eine Esskastanie? Der Maronenbaum (*Castanea sativa*) verträgt zwar kein grimmiges Klima, gedeiht aber selbst im Harz und hat viel aparteres Laub, denn er ist mit der üblichen Rosskastanie (*Aesculus hippocastanum*) die sich nur zum Basteln und als Pferdefutter eignet, nicht einmal verwandt.

Der »Tag des Baumes« mit allerlei Pflanzaktionen wird in Deutschland merkwürdigerweise Ende April zelebriert. Das geht nur mit künstlich zurückgehaltenen Containerpflanzen, denn die Bäume stehen da eigentlich schon im Saft. Kein Profigärtner pflanzt dann noch ein Apfelbäumchen; er hält sich an den jahrhundertelang erprobten Bauernkalender und gräbt Rosen und laubabwerfende Bäume jetzt ein. Traditioneller Stichtag ist der 25. November, Tag der Heiligen Katharina.

»Sainte Cathérine – tout bois prend racine«, heißt ein französisches Sprichwort. Frei übersetzt: An Sankt Katherein wurzelt alles Holz von allein.

PS. Die Heilige Katharina, eine der vierzehn Schutzheiligen, besorgte nach französischer Überzeugung auch noch andere Dienste, die moderne Singles eher von Parship erledigen lassen: Unverheiratete Frauen über fünfundzwanzig gingen an diesem Tag mit einem grün-gelben Hut in die Kirche und beteten: »Heilige Katharina, hilf! Lass mich nicht unverheiratet sterben. Einen Mann, heilige Katharina, einen guten Mann, heilige Katharina! Aber lieber überhaupt einen als gar keinen!«

Die Gartendepression

Ich könnte heulen. Der Nachbar zur Linken hat eine ekelhafte Mauer aus Sichtbetonsteinen gebaut und sich einen Carport mit onduliertem Plastikdach gegönnt, wo er früher eine romantische Trauerweide hatte.

Die Gartendepression ist an keine Jahreszeit gebunden. Sie kann zuschlagen oder sich einschleichen beim schönsten Wetter. Im Winter hat sie freilich einen kleinen Heimvorteil.

Es sind diese Momente, wo man gewisse Gartenzeitschriften unerträglich findet und sie mit einem bitter gemurmelten »Glanzkacke« zuklappt, weil bei uns schwarzer Modder herrscht und bei denen so getan wird, als gäbe es alle Tage Sonnenschein mit Raureif. Was auch den banalsten Garten veredelt.

Der große Gartenfrust gedeiht aber auch im Hochsommer.

Es sind diese Nachmittage, wo sich zur eigenen Unzufriedenheit ein Überraschungsbesuch gesellt, dessen Garten immer wie aus dem Ei gepellt ist (genau wie die dazugehörige Gärtnerin). Um das Maß der Galligkeit vollzumachen, haben sie auch noch Fotos mitgebracht, die lauter Prachtexemplare zeigen, die bei uns eher kümmern. Habe dann immer die tragende Stimme meines seligen Deutschlehrers im Ohr, wie er Schiller deklamierte: »Ohne Wahl verteilt die Gaben / Ohne Billigkeit das Glück …«

Mein Garten, denke ich in solchen Momenten, ist eigentlich nie wirklich präsentabel. Der Rasen ist entweder moosig verfilzt oder vergilbt oder völlig verpickelt durch Maulwurfshügel. Im Staudenbeet haben Lilienhähnchen, Schnecken, Raupen, Rüsselkäfer ein ganz und gar unfriendly take-over veranstaltet. Bin ich zu faul oder zu öko? Oder habe ich einfach die falschen Karten?

Wie in einer viele Jahre währenden Beziehung (ich empfinde meinen Garten ähnlich wie einen altgedienten Ehepartner) kommen alte Verletzungen wieder hoch und man wird ein wenig larmoyant:

Wie, schon wieder Schildläuse und Stängelfäule?

Soll ich etwa den Rest meines Lebens damit verbringen, ausschließlich wurmige Äpfel zu ernten?

Der Gedanke an eine Scheidung beginnt zu glimmen.

Ich zappe die Möglichkeiten in meinem Kopf durch, es gibt ja mehrere. Einfach umziehen? Balkongärtner werden? Mein Gärtnerleben umstellen?

Man liebäugelt vorübergehend mit all den superpflegeleichten Pflanzen, Marke Architektentrost, die man bisher nicht leiden konnte: Essigbaum und Baumarkt-Zypressen statt der ewig räudigen Aprikose? Unverwüstliches *Hypericum* statt duftenden Polsterphlox und Nelken? So, wie das allzu gelbe Johanniskraut gegen Wechseljahrsbeschwerden helfen soll, nützt es vielleicht auch gegen Gartendepressionen?

Haben wir nicht neulich einen wissenschaftlichen Artikel übers Brandroden gelesen, das, botanisch gesehen, viel besser ist als sein Ruf? Vielleicht wäre das ja die Lösung – einfach abfackeln, was einen ärgert, und danach neues Spiel, neues Glück?

Eine Freundin, geschockt vom Gartenfrust nach einem halben Jahr Auslandsaufenthalt, den ihr Gärtchen dazu benutzte, um sich von einer Oase in eine Brache zu verwandeln, hatte die Faxen dicke und hat das Teil geflutet. Jetzt tritt sie vor die Tür und blickt ohne Reue in ein Wasserbecken, ohne Pflanzen, ohne Fische … den Spiegel ihrer schwarzen Seele. Sieht verdammt gut aus.

Auch diese modischen Zen-Gärten haben was für sich. Wie proper die immer aussehen! Nix wie Steine, Sand und Kies, sauber geharkt. Und wenn sich ein Unkräutlein regt: Pscht, mal schnell mit der Round-Up-Sprühdose drübergehen.

Tja, und immer wenn ich innerlich bereit bin zu diesen radikalen Schritten, überrascht mich mein Partner, mein Garten, mit einer unwiderstehlichen Geste. Heute morgen hat er mir übers Balkongeländer einen Zweig weißer Rosen angeboten … obwohl die Saison doch schon längst vorüber ist. Und die Christrosen mit den verzettelten Blättern treiben verheißungsvolle Knospen wie noch nie. Also wird das Zubetonieren zugunsten eines möglichen Tennisplatzes aufgeschoben und auch die bewährte englische Lösung des grassing-over bei Gärtnerfrust vertagt. Lassen wir erst mal Gras wachsen über die Ungezogenheiten unseres Gartens und hoffen mal wieder auf bessere Zeiten.

DEZEMBER

Weihnachtsstern

Wollen Sie in dieser düsteren Jahreszeit nicht mal was über die schönen roten Weihnachtssterne schreiben?«, fragte mich eine befreundete Blumenhändlerin. Nein, wollte ich eigentlich nicht. Denn mein Verhältnis zum Christstern ist sehr gespalten. Klar kaufe ich ihn gelegentlich als Geschenk, wenn mir nichts Besseres einfällt. Und auch für mich selbst, um damit den Adventskranz rauszuputzen. Aber weiter geht diese Liebe leider nicht. Das hat Gründe.

Einer davon ist die Allgegenwärtigkeit von *Euphorbia pulcherrima*, wie die aus Mexiko stammende Pflanze richtig heißt, die heute weltweit die meist verkaufte Topfpflanze ist. Der rote, rosa oder cremefarbene Weihnachtsstern schmückt in der Vorweihnachtszeit jede Einkaufspassage, jeden Buchladen und jedes Kinofoyer, das auf sich hält.

Poinsettia heißt sie auch in ambitionierten Blumenläden, weil der amerikanische Botschafter in Mexiko, Joel Poinsett, sie 1828 in die USA verschleppte, wo sie zunächst hauptsächlich als Schnittblume verkauft wurde, was ihr nach meiner Meinung auch am besten steht. (Alexander von Humboldt importierte sie schon 1804 nach Deutschland, war aber kein florales Marketing-Genie.)

Sie soll die Lieblingsblume des blutrünstigen Aztekenherrschers Montezuma gewesen sein. Wobei Blume schon falsch ist: Das Wofsmilchgewächs ist von Natur aus ein vier Meter hoher Strauch – die dekorativen roten Blätter sind nur sogenannte

Brakteen oder Hochblätter zum Anlocken der Bestäubungsinsekten auf die kümmerlichen Aschenputtelblüten dazwischen. Längst ist er in Asien und Afrika und auf den Kanarischen Inseln angekommen, wo er wunderbare Hecken bildet.

Für meine gemischten Gefühle im Anblick dieser sicherlich verdienstvollen Pflanze gibt es aber auch noch andere Ursachen:

Meine Großmutter, meine Schwiegermutter und meine Mutter hatten alle ein Blumenwartezimmer. Nachdem die Kinder aus dem Haus waren, der Ehemann verstorben, die Wohnung eigentlich ein bisschen zu groß, gab es bei allen älteren Damen so ein ungeheiztes, ungeliebtes Zimmer, in dem kahle Alpenveilchen, staubige Weihnachtskakteen, unansehnliche Knollenbegonien, halbvertrocknete Amaryllis wie Lazarus auf ihre Wiederauferstehung und Blühsaison warteten. Es roch immer leicht modrig und ein bisschen nach Mottenpulver, weil in diesem Zimmer auch die großmütterlichen Pelzmäntel übersommerten und die Faltbetten für den Enkelbesuch; kurzum: es war Tristesse in Reinkultur. Einige immergrüne Pfennigbäume, Grünlilien und Sansiverien machten die Sache nicht wirklich besser.

Wie viele passionierte Gärtner habe ich keine Leidenschaft und wohl auch kein sonderliches Talent für Zimmerpflanzen. Die kommen mir immer so betrogen vor wie Vögel im Käfig oder Hunde und Katzen von Etagenbewohnern. Zwar gehöre ich nicht zu den Esoterikern, die vermeintlich leise Schreie vernehmen, wenn sie ihre Yucca zu viel oder zu wenig gießen. Aber industriell hergestellte Blumen ohne Duft wie der Weihnachtsstern erzeugen keine großen Gefühle in mir. Sie kommen mir so unsinnlich vor wie ein tiefgefrorenes, mit Fleischzartmacher geimpftes Steak. Habe aus trauriger Erfahrung den Verdacht, dass auch Christsterne mit dubiosen Substanzen aufgepumpt sind. Wie oft schon ist ein bildschöner, vielarmiger Weihnachtsstern trotz korrekter Behandlung bei mir nach zwei, drei Tagen zusammengefallen wie ein Soufflé in Zugluft! Habe ferner den Verdacht, dass der Weihnachtsstern als botanischer Wegwerfartikel konzipiert ist. Da kann die Blume-2000-Verkäuferin noch so beschwörend reden: »die kommen bei richtiger Pflege immer wieder«. Richtige Pflege heißt – als Gartenfrau treibt man sich ja nimmermüd in Internet-Foren herum –, dass der Weihnachtsstern als Äquatorpflanze höchstens zwölf Stunden Licht am Tag verträgt.

Sogar ein mieser Hamburger Sommer bietet davon mehr, wir reden ja nicht von Sonne. Und in seiner Ruhezeit Molybdän braucht. Wo, bitte, kauft man das?

Na ja, vielleicht ist es ja auch nur der Neid, der mich etwas schiefäugig auf den Weihnachtsstern blicken lässt. Weil es ja nicht wegzudiskutieren ist, dass manche Leute die ermattete Pflanze alle Jahre wieder in Hochform bringen. Manche Frauen können das einfach: abgeblühte Lieben am Leben erhalten. Selbst mickernde Dinger geduldig päppeln mit regelmäßigen Anrufen und herzlichen Grußkarten zu Weihnachten und zum Geburtstag. Auch das habe ich nie gekonnt.

Erleuchtung im Winter

Dass es schon im September Lebkuchen und Schokoladen-Nikoläuse in den Supermärkten gab! Dass die kitschige Weihnachtsbeleuchtung in der Fußgängerzone bereits im goldenen Oktober Strom vergeudete! Es gehört zum guten Ton in besseren Kreisen (wozu sich jeder Gartler zählt; schließlich trägt er ja so was wie ein Bio-Label), gewisse Erscheinungen der Moderne zu bejammern.

In Wahrheit tun sich Vorgartenbesitzer und Balkongärtner in der Vorweihnachtszeit leider auch keinen Zwang an. Den allerersten ausgestopften Nikolaus, den wir vor Jahren wie einen Einbrecher über eine Brüstung im dritten Stock klettern sahen, fanden wir noch witzig. Seit sich in jeder Wohnstraße fünf bis sieben dieser Fassadenkletterer in der roten Kutte tummeln, manchmal bis Ostern, können wir darüber nur noch sehr schief lächeln. Und auch die reichlich und meist wild schlingernd angebrachten Lichterketten; die Schlitten fahrenden Rentiere in blinkenden Karussellfarben erinnern eher an eine Vollsperrung der Autobahn, statt an Advent, Advent ein Lichtlein brennt …

Bedauerlich genug, dass knausrige Gartler alle Jahre wieder einen getopften Christbaum mit massakriertem Wurzelballen kaufen, der dann an Dreikönig zu seinen Vorgängern ausgepflanzt wird. Das Ergebnis ist eine kümmerliche Fichtenschonung mit vielen Krüppeln und vorhersehbaren Todesfällen. Doch am 1. Dezember bekommt jedes struppige Vorgarten-Tännchen sein Festkleid mit faustgroßen Glühbirnen in Ostereier-Farben.

Muss es denn unbedingt ein Christbaum sein, wenn man seinem Garten im Winter ein bisschen Glanz verleihen will? Der steht doch sowieso schon in jeder Einkaufsstraße. Wie elegante Winterbeleuchtung aussieht, zeigen uns die Pariser schon seit Jahren auf den Champs-Élysées, wo die kahlen Alleebäume in ein funkelndes Gespinst aus klitzekleinen Glühbirnchen gewickelt werden. Die modernen LED-Lichterketten mit Leuchtpunkten von der Größe eines Baby-Fingernagels erzeugen einen Sternschnuppen-Glimmer, der auch die Buche oder den alten Apfelbaum in unserem Garten veredelt und nicht so penetrant nach Lebkuchen riecht wie die plumpen Kerzenimitate auf der Allerweltstanne. Wenn das Herz an christlichen Symbolen hängt, scheint mir die geschmackvollste Variante fürs offenbar unvermeidliche Weihnachtsdeko-Bedürfnis der Herrnhuter Stern in milchigem Weiß mit seinen 25 Zacken, der seit 160 Jahren in Handarbeit gefertigt wird und den es längst auch wetterfest für draußen gibt. (www.herrnhuter-sterne.de)

Je kürzer die Tage, desto ausgeprägter der Wunsch nach Erleuchtung. Drum rangierte Skandinavien mit seinen langen dunklen Nächten schon vor der Erfindung der allgegenwärtigen elektrischen Kerzen-Ketten ganz oben beim Lichterglanz. Restaurants und Reihenhäuser, Boutiquen und Blockhäuser schmücken sich zur Weihnachtszeit mit den sogenannten »Marschallern«: Blechdosen, die mit Paraffin oder Stearin und einem dicken Docht gefüllt sind und meist paarweise aufgestellt werden, um mit wildromantisch flackernden Flammen den Weg zur Eingangstür zu leuchten. Sie werden einfach auf den Boden gestellt – oder mit entsprechenden Halterungen in die Erde gespießt oder an der Hauswand befestigt. Für üppigere Grundstücke und Feste lässt man auch ganze Hundertschaften fackelnd Spalier leuchten. Marschaller brennen eine ganze Nacht lang und trotzen Regen, Wind und Schnee. (Bei www.swedishop.eu zu bekommen.)

Die puristischste Form der Weihnachtsbeleuchtung, naturnah und zum Nulltarif, darf ebenfalls Schweden für sich reklamieren: Dort bauen Kinder und gewesene Kinder zusammen seit jeher »Snölyktor«, Schneelaternen. Das sind Mini-Iglus, zusammengepappt aus Schneebällen (ca. 30 Zentimeter hoch und Türchen nicht vergessen!), in die man Teelichter stellt. Das ergibt einen feenhaft sanften Schein und die weißen Öko-Windlichter halten bei entsprechenden Temperaturen wochenlang. Da weite Teile Deutschlands zu Heiligabend eher mit Schmuddelwetter als der ersehnten »Weißen Weihnacht« dekoriert sind, nützt der Tipp nur

Älplern. In der Norddeutschen Tiefebene müssen wir die Schneelaternen-Produktion gewöhnlich bis Februar verschieben ... was ihrem Charme keinen Abbruch tut, denn da sehen unsere Gärten immer noch zauselig aus. Und die Snölyktor stehen ihnen allemal besser als ein überständiger Christbaum.

Im Hamsterrad der Hoffnung

Im Dezember, zu Winteranfang, glauben diese ahnungslosen Freunde ohne Garten, wir hätten Ferien. Sie denken, wir könnten jetzt endlich mal die Hände in den Schoß legen und eine gemütliche Tasse Tee mit ihnen trinken, ohne beim selbstgebackenen Apfelkuchen (unser eigener Boskop, natürlich!) ständig aufzuspringen, um etwas zu gießen, abzuknipsen, auszureißen, eine fette Schnecke über die Mauer zum Nachbarn zu schnipsen ... Ein guter alter Freund teilte mir eines Tages mit, er werde mich künftig nur noch nach Sonnenuntergang oder im tiefsten Winter besuchen, derart gehe ihm mein gärtnerisches Gewusel auf die Nerven. Solche Leute haben eben keine Ahnung, dass sich ein Gartenbesitzer keinen Winterschlaf gönnt. Stattdessen liegt der Gehölzschnitt an und die überfällige Pflege unserer Gerätschaften. Ölen, schleifen, reparieren.

Und vor allem ist jetzt die Saison des virtuellen Gärtnerns angebrochen. Der schönste Teil unserer Wohnung liegt unter den weißen Laken von Raureif oder Schnee – das ist eine Herausforderung wie eine unbemalte Leinwand. Und die Saison der großen Irrtümer.

Im Winter macht sich der Gärtner unglücklich. Verführt durch Prospekte, irregeleitet durch phantastische Fotos in hochkarätigen Gartenzeitschriften. An frostfreien Tagen buddeln wir Zwiebeln und blattlose Pflanzenskelette ein, die wir noch nie blühen sahen, deren künftige Schönheit wir uns jedoch schwärmerisch hochrechnen. Und dabei übersehen wir gern alle Warnzeichen. Eine sehr verbreitete Gärtnerkrankheit heißt: Haben wollen, was man nicht haben kann oder nur in äußerst verrupfter, kränklicher, betreuungsintensiver Form großziehen kann

In jedem anständigen Fachbuch wird gleich vornweg erklärt, dass man einen üppigen, vor Gesundheit strotzenden Garten nur hinkriegt, wenn man auf die Bodenbeschaffenheit Rücksicht nimmt.

Dazu sollte man als Erstes eine PH-Analyse

machen. Das kleine Do-it-yourself-Bastelbesteck dazu gibt's wohlfeil in jedem Gartencenter.

Erstaunlich, wieviele blumennärrische Leute sich diesen Schritt ersparen. Sie wollen in Wahrheit gar nicht wissen, dass sie auf einer supersauren Scholle sitzen, wo eine Robinie niemals glücklich werden wird. Sie sind nun mal verknallt in japanische Zierquitten, die lieber Lehm als den vorhandenen Sandboden mögen ... aber Augen zu und durch. Hobbygärtner verhalten sich wie manche meiner Freundinnen, die normalerweise Horoskope verschlingen, außer wenn sie frisch verliebt sind. Dann wollen sie vom Aszendenten ihres neuesten Lovers lieber nichts hören. Weil sie nicht erfahren wollen, was sie schon wissen: Dass man nämlich nicht zusammenpasst.

Es ist seltsam: Witwen in einer Zwei-Zimmer-Wohnung sind glücklich mit ihrem Yorkshireterrier oder dem treuen Dackel und träumen nicht mehr von Dobermännern oder Dänischen Doggen.

Ich kenne auch viele glückliche Paare, wo der Mann, um es mal vornehm auszudrücken, so wenig Chancen auf ein Techtelmechtel mit Claudia Schiffer hat, wie seine Frau auf Bauarbeiter-Pfiffe. In den meisten Bereichen des Lebens funktioniert eine gesunde Selbsteinschätzung.

Gärtner sind anders. Gärtner sind ambitioniert und prädestinert, sich selber das Leben schwer zu machen. Ewig drehen sie am Hamsterrad der Hoffnung.

Jahrelang wollte ich unbedingt einen Walnussbaum großziehen (für die Weihnachtsplätzchen nach Großmutters Rezept), gegen den Rat des erfahrenen Nachbarn, der sagte, das werde sowieso nix wegen der Windrichtung, des Bodens, der Eichhörnchen, der Stare … Und außerdem habe ich wunschdenkend glatt überlesen, dass ein Nussbaum erst nach fünfzehn Jahren trägt. »Wir hätten ihn auf unser Grab pflanzen sollen«, sagte mein Mann.

Leute mit richtig fetter Erde, in denen die allerliebsten Akeleien sprießen, träumen von magersüchtigen Blumen wie Nelken und Cosmea. Gartler mit saurem Boden setzen sich alle Jahre wieder Kalk liebende Margeriten und Ringelblumen in den Kopf – für die Rhododendren, Azaleen und Hortensien, die bei ihnen wie von selbst gedeihen, können sie nicht dieselbe Liebe aufbringen. Und am liebsten hätten sie eigentlich einen Olivenbaum oder eine Bananenstaude. Die sie im Winter grotesk verhüllen müssen gegen den Frost.

Sehnsucht ist in Deutschland immer südlich.

Kein Mensch im Weinbauklima verzehrt sich nach Isländisch Moos. Eher schon der Flensburger nach Feigenbäumen und Jasmin. Und nein, das ist keine typisch deutsche Eigenschaft. Denn umgekehrt arbeiten sich die Gartenbesitzer in tropischen Gegenden ab, um mickrige Rosen oder Äpfel großzuziehen – derweil ihnen die Orchideen und Ananas in den Mund wachsen.

Paula Almqvist

Mitteilungen aus meinem Garten

Die Kolumnen aus BRIGITTE WOMAN

Einbandmotiv von Marion Nickig

Hochwertige Ausstattung

168 Seiten. Gebunden

ISBN 978-3-89561-593-1

»Es wurde höchste Zeit, dass es die Kolumnen von Paula Almqvist nun auch als Büchlein gibt, kostbar in Leinen gebunden und mit einem seidenen Lesebändchen versehen.«

Gartenwelt.Natur

Schöffling & Co.

Peter Würth

Alles auf Grün

Farbig bedrucktes Feinleinen

Einbandmotiv von Marion Nickig

Hochwertige Ausstattung

160 Seiten. Gebunden

ISBN 978-3-89561-597-9

Grün liegt im Trend, grün ist »bio«, grün ist vor allem: lebenswichtig. Elegant und kenntnisreich schreibt Peter Würth über die neue Gemüseküche wie über urban farming, über Green Songs und die Garten-Guerilla, über grüne Städte, grüne Dächer und den Garten als soziales Wesen. *Alles auf Grün* gibt Antworten auf die Frage, wie urbane Menschen im 21. Jahrhundert mit »ihrem« Grün umgehen, wie sie es intensiv nutzen und vermehren können.

Schöffling & Co.

Karel Čapek

Das Jahr des Gärtners

Neuübersetzung aus dem Tschechischen
von Marcela Euler
Mit Zeichnungen von Anna Luchs
Einbandmotiv von Marion Nickig
Hochwertige Ausstattung
176 Seiten. Gebunden

ISBN 978-3-89561-591-7

Karel Čapeks herrlich erfrischender Klassiker der modernen Gartenliteratur liegt endlich in einer neuen Übersetzung vor: Humorvoll, leidenschaftlich und selbstironisch, ist *Das Jahr des Gärtners* ein unentbehrliches Buch für jeden Gärtner, für Gartenfreunde und ihre Angehörigen, selbst, wenn sie nur einen Balkonkasten ihr Eigen nennen.

Schöffling & Co.